Romance Mediúmnico

# EL ÚLTIMO PASAJERO

## Zélia Carneiro Baruffi

Por el Espíritu

## Celmo Robel

Traducción al Español:
**J.Thomas Saldias, MSc.**
Trujillo, Perú, Octubre, 2023

Título Original en Portugués:
"O Último Passageiro"
© Zélia Carneiro Baruffi, 2007

*World Spiritist Institute*
Houston, Texas, USA
E–mail: contact@worldspiritistinstitute.org

# De la Médium

Nacida en la ciudad de Castro– PR, Zélia Carneiro Baruffi, tuvo contacto con el Espiritismo en su propia casa: sus padres eran espíritas: Víctor Ribas Carneiro y María Antonia Marins Carneiro. Se graduó como docente y enseñó hasta jubilarse en 1982.

Como activista espírita, fundó la Escuela Espírita Allan Kardec en 1978 en la Penitenciaría Estadual Central, en la ciudad de Piraquara– PR, junto a su esposo, el Dr. Walter Baruffi, entonces médico de esa unidad penitenciaria. Participó en encuentros sobre Evangelización de Niños y Jóvenes, impartiendo clases y conferencias.

En el Centro Espírita de la ciudad de Lapa– PR, era evangelizadora y médium, cuando recibió los libros dictados por el Espíritu Celmo Robel: *Bajo el Cielo de Bagdad, Trayectoria Amarga* y *El Sueño de un Vencedor*.

Actualmente participa en labores de asistencia social y mediumnidad en la Sociedad Espírita "Os Mensageiros da Paz", en Curitiba– PR, ciudad donde vive.

# Del Traductor

Jesús Thomas Saldias, MSc, nació en Trujillo, Perú.

Desde los años 80s conoció la doctrina espírita gracias a su estadía en Brasil donde tuvo oportunidad de interactuar a través de médiums con el Dr. Napoleón Rodriguez Laureano, quien se convirtió en su mentor y guía espiritual.

Posteriormente se mudó al Estado de Texas, en los Estados Unidos y se graduó en la carrera de Zootecnia en la Universidad de Texas A&M. Obtuvo también su Maestría en Ciencias de Fauna Silvestre siguiendo sus estudios de Doctorado en la misma universidad.

Terminada su carrera académica, estableció la empresa *Global Specialized Consultants LLC* a través de la cual promovió el Uso Sostenible de Recursos Naturales a través de Latino América y luego fue partícipe de la formación del **World Spiritist Institute**, registrado en el Estado de Texas como una ONG sin fines de lucro con la finalidad de promover la divulgación de la doctrina espírita.

Actualmente se encuentra trabajando desde Perú en la traducción de libros de varios médiums y espíritus del portugués al español, habiendo traducido más de 260 títulos, así como conduciendo el programa "La Hora de los Espíritus."

# Índice

CAPÍTULO I La Extraña Llamada ..................................................8

CAPÍTULO DOS El Destino del Tren ...........................................13

CAPÍTULO III Regreso a la Cabina ..............................................20

CAPÍTULO IV La Lucha en los Planos Materiales ....................23

CAPÍTULO V Daño sin Perdón ....................................................29

CAPÍTULO VI ¡Los Grandes Amores son Eternos! ..................31

CAPÍTULO VII ¡Las Esperanzas de Jesiel! .................................35

CAPÍTULO VIII El Dilema de Margarita ....................................44

CAPÍTULO IX Finalmente la Decisión .......................................48

CAPÍTULO X Las Nupcias .............................................................51

CAPÍTULO XI Concretización de Ideales ..................................54

CAPÍTULO XII La Angustia de la Separación ..........................61

CAPÍTULO XIII La Reunión Inesperada ....................................64

CAPÍTULO XIV La Nueva Desilusión de Jesiel .......................71

CAPÍTULO XV Margarita Visita a Pedro ...................................75

CAPÍTULO XVI La Enfermedad de Pedro .................................80

CAPÍTULO XVII Las Primeras Aclaraciones ................................
 sobre la Vida Espiritual ..............................................88

CAPÍTULO XVIII Nuevas Pérdidas .............................................93

CAPÍTULO XIX La Confesión de André ....................................99

CAPÍTULO XX Encuentro con Vinícius ...................................102

CAPÍTULO XXI En la Espiritualidad ........................................107

CAPÍTULO XXII Los Coloquios se Realizan ............................114

CAPÍTULO XXIII Momentos de Oración .................................121

CAPÍTULO XXIV Planes de Regreso .........................................125

(...) Miró con atención por todas partes. Nada. No hay señales de vida, solo terreno abierto, sin vegetación ni plantación alguna. Caminó sin preocuparse de ir a ningún lado, tal era el estado de gracia en el que se encontraba. Parecía como si una energía proveniente de no sabía dónde guiaba sus pasos. De repente vio un tren que venía hacia él. Había muchos coches que transportaban personas, algunos heridos. ¿Hacia dónde se dirigían? Al pasar, el conductor de uno de los vehículos ordenó con firmeza:

– Sube.

– ¿Adónde va este tren lleno de gente? – Preguntó perplejo.

– Ésta es tu oportunidad, querido. Si quieres sube, en caso contrario cede tu asiento a otra persona.

Sin muchas explicaciones, el conductor que se hacía llamar Sezinando, hizo ademán de alejarse. Impulsado por esa fuerza extraña que yo había traído hasta allí, respondió:

– Espera compañero, ¡me sangran los pies por la caminata que di!

Y, por impulso, no sin gran esfuerzo, se encontró dentro de la carrocería del vehículo. Buscó un lugar donde establecerse.

Volvió a oír la voz autoritaria de Sezinando:

– ¡Acerquémonos a un lado, muchachos! *Este es nuestro último pasajero.* (...)

## Dedicatoria

Dedico estas páginas a quien ha sido, en mi camino, el apoyo y aun más la certeza de días mejores, ayudando y perfeccionando nuestro espíritu en este largo camino: mi esposo. Tropiezos, sí, errores, sí, pero siempre luchando, con el espíritu enfocado en las bellezas de la espiritualidad que nos espera.

Zélia Carneiro Baruffi

## Reconocimiento

Con motivo del lanzamiento de esta obra, no podía dejar de agradecer... A mi mentor y amigo espiritual Celmo Robel, por esta labor en favor de nuestra edificación moral y espiritual. Al sabio y educador Allan Kardec, que nos ofreció el pentateuco espírita, obra de iluminación de la humanidad, inspirada en Jesús, que cumple 150 años en 2007, con el lanzamiento de *El Libro de los Espíritus*, en 1857.

Zélia Carneiro Baruffi

# CAPÍTULO I
## La Extraña Llamada

Los espíritus aturdidos por las sorpresas de la vida espiritual solo encuentran esperanza para sus tribulaciones en angustiosas peticiones de ayuda.

La voz que venía desde muy lejos llegó a su corazón en forma de lamento. Aguzó el oído para captar mejor ese grito de ayuda. Apenas notó nada. Poco podía hacer salvo orar y quejarse de la insignificancia de su ser.

Cómo deseaba poder sentirse fuerte, dentro de esta energía que lo rodeaba y, al mismo tiempo, obstaculizaba sus movimientos. Sin saberlo a ciencia cierta, quiso ir en dirección a aquel llamado desesperado.

¿Qué hacer? Miró a su alrededor, contemplando el universo en el que se encontraba, buscando comprender las maravillas que rodeaban su ser, pero que, al mismo tiempo, lo hacían sentirse atrapado, sin acción alguna. Ese doloroso llamado llegó a sus oídos, pareciendo ser la persona más importante para responderlo. Un gran miedo se apoderó de él. ¿Por qué lo llamaron con tanta vehemencia? ¡Oh! ¡Dios! Su espíritu todavía era tan imperfecto y también sufría. En su pequeñez, no pudo localizar la llamada.

Oró preocupado, contemplando el firmamento que se desplegaba ante sus ojos. Cómo le gustaría estar en paz, sin tantos disgustos a su alrededor y poder correr hacia esa voz, que intentaba reconocer, pero que era, ciertamente, la de alguien que había estado a merced de tantos disgustos.

Con el corazón menos agitado y después de un tiempo, tomó una decisión. Sacó del armario la linterna con la que iluminaría el camino, que a esa hora de la noche estaba bastante oscuro, y se fue. El viento frío le hizo volver a la pequeña habitación y buscar en la percha su abrigo, un poco desgastado por los años de uso. Se lo puso, envolviendo muy bien su pecho. Se puso el sombrero en la cabeza y se fue.

El empinado camino, la oscuridad que lo rodeaba le hicieron detenerse. ¡La linterna brilló a lo lejos! Un escalofrío se apoderó de su cuerpo, al mismo tiempo que un relámpago cruzaba el cielo de punta a punta. Sintió que pronto caería la lluvia prometida. Caminó lentamente, buscando algo firme en cada trozo de terreno para sostener sus pies. Se sintió atraído por aquel lamento, proveniente no sabía de dónde. Por mucho que buscó, no pudo ver nada más allá de la completa oscuridad que lo rodeaba. Durante mucho tiempo caminó sin rumbo, hasta llegar a la orilla de un río embravecido cuyo ruido era ensordecedor. Se dio cuenta que necesitaba parar y descansar. ¡El descenso hasta ese lugar fue largo! Se había alejado de su casa y ahora sentía miedo. Encontró un lugar para descansar y recostó su cuerpo sobre la hierba que bordeaba el río. Apagó la linterna que sostenía en sus manos y la oscuridad total descendió sobre él.

El miedo a lo desconocido le hizo aguzar el oído. Solo se podía escuchar el ruido, parecido a una cascada muy cercana, que se hacía cada vez más fuerte. Hipnotizado por ese ritmo constante, cayó profundamente dormido. Cuando abrió los ojos, a la luz del día, no sabía dónde estaba. Una luz tenue atravesó los árboles que rodeaban el lugar, dejando visible el río y, como pudo ver ahora, era muy largo. Un poco más lejos había una barcaza anclada. Tenía un color azulado, casi traslúcido que, ante los primeros rayos del sol, reflejaba un intenso brillo plateado, haciendo que nuestro personaje se pusiera de pie de un salto, algo asustado. Pudo entonces ver, un poco más lejos, en un tramo tranquilo, varias canoas con sus remos, ancladas y balanceándose. Tuvo la impresión que estaban esperando a pasajeros. Pero, ¿dónde?

Inmediatamente, se preguntó por qué no se había dado cuenta de ese lugar cuando vivía allí arriba en la montaña.

– ¿Qué podría ser este lugar? – Se preguntó – . No veo ninguna vivienda cerca. Sin embargo, debe haber alguien o algo instalado aquí.

Pasándose las manos por el cabello humedecido por el aire de la mañana, recordó lo sucedido la noche anterior, cuando había llegado allí, atraído por la llamada de alguien cuya voz le parecía familiar.

– ¡Sí, ahora la reconozco! ¡Era la voz de Cecília! ¡Era la voz de Cecília! ¡Pero, ¿aquí, en este lugar?! Después de tantos años, ¿qué puedo hacer por esta criatura, si yo también me encuentro necesitado de alguien que me ayude? ¡Cecília me dejó hace mucho tiempo! Esto ya no tiene sentido – repitió una y otra vez, intentando descifrar lo que estaba pasando.

Con pasos lentos caminó por el extensísimo bosque, tanteando el camino, intentando descubrir lo desconocido y dejando atrás el río. Sin entender por qué, una melodía entró en sus oídos. Se trataba del "*Adagio de von Beethoven*, el tema del tercer movimiento de la *Novena Sinfonía.*" Llegó de todas direcciones, aportando una ligereza indescriptible a su espíritu aun atribulado. Comenzó a tararear, siguiéndolo con los pies. Allí... allí...allí... allí... allí... allí... allí... allí... allí...

– ¡Qué consuelo nunca antes había sentido, mi buen Padre! ¡Mi alma está lavada de todas mis angustias! ¡Ahora mismo siento Tu presencia en todo mi ser! ¿Qué caminos tomarán mis pies de ahora en adelante? ¡Qué paz, qué paz maravillosa invade mi corazón en este momento! ¡Te agradezco, Padre mío, por la vida que palpita dentro de mí, por el universo que me rodea y que siempre creí que existía!

Poco a poco se fue calmando. Mientras caminaba, energías provenientes de todas direcciones se apoderaban de su ser, dejándolo cautivado por todo el paisaje que se desarrollaba ante sus ojos. Los pájaros saltaban delante de él, pareciendo querer mostrarle el camino. Cuando se dio cuenta, había salido a un pequeño claro que dejaba al descubierto un largo camino que podía perderse de vista. Miró atentamente por todas partes. Nada. No había señales de vida, solo terreno abierto, sin vegetación ni plantación alguna. Caminó sin preocuparse de ir a ningún lado, tal era el estado de gracia en el que se encontraba. Parecía como si una energía proveniente de no sabía dónde guiaba sus pasos. De repente vio un tren que venía hacia él. Había muchos coches que transportaban personas, algunos heridos. ¿Hacia dónde se dirigían? Al pasar, el conductor de uno de los vehículos ordenó con firmeza:

– Sube.

– ¿A dónde va este tren lleno de gente? – Preguntó perplejo.

– Ésta es tu oportunidad, querido. Si quieres sube, en caso contrario cede tu asiento a otra persona.

Sin muchas explicaciones, el conductor que se hacía llamar Sezinando, hizo ademán de alejarse. Impulsado por aquella extraña fuerza que lo había traído hasta allí, respondió:

– Espera amigo, solo quiero todo el tiempo necesario. ¡Me sangran los pies por la caminata que di!

Y, por impulso, no sin gran esfuerzo, se encontró dentro de la carrocería del vehículo. Buscó un lugar donde establecerse. Volvió a oír la voz autoritaria de Sezinando:

– ¡Acerquémonos a un lado, muchachos! Éste es nuestro último pasajero.

Todo había sido tan automático. ¡Estaba tan embelesado por los acontecimientos de esas últimas horas que no podía poner sus pensamientos en orden! Las cosas sucedieron tan rápido...

Después de correr durante mucho tiempo, el convoy entró en una atmósfera más densa. El cielo se había vuelto algo nublado y el azul ya no era tan claro y brillante. El ambiente ahora parecía estar lleno de humo, con mucha sombra, como si sobre él hubieran bajado una cortina negra que ya no dejaba pasar el sol, el aire puro y todo ese azul maravilloso de momentos antes. Sezinando comenzó a explicar que ese fenómeno ocurría cada vez que se acercaban al planeta Tierra debido a las vibraciones que eran expulsadas de la mente de las personas encarnadas, cuyos pensamientos aun giraban hacia cosas malas. Eran criaturas que aun no poseían la semilla del Evangelio de Jesús en sus corazones. Se volvieron malvados, egoístas, calumniadores, atrajeron hacia sí a personas vivas del plano espiritual, olvidándose también de practicar las leyes de Dios. Hay miles de espíritus necesitados de ayuda, pero que aun viven muy inferiores en el mundo material, compartiendo sus desgracias con encarnados similares. Tus pensamientos contaminan toda la atmósfera terrestre, formando esta cortina de humo, como pudiste ver.

Pasaron por varios lugares concurridos. Unos edificios imponentes, frente a plazas muy bien decoradas con flores y llenas de árboles, donde algunas personas iban y venían apresuradamente, a esa hora del día. Los vehículos arrastraban el tráfico, en comparación con el tren que avanzaba rápidamente por las calles de la capital.

– Estamos llegando a nuestro destino – anunció Sezinando.

Aparcó, minutos después, frente a un pequeño edificio que estaba en una calle muy transitada. Era una Casa espírita, de esas que brindan asistencia e iluminación a quien toca a su puerta.

## CAPÍTULO DOS
## El Destino del Tren

Las Casas espíritas son hospitales que ayudan a los espíritus poco evolucionados.

Ya se esperaba a Sezinando. Los espíritus colaboradores de la Casa acudieron para ayudar a desembarcar a algunos compañeros que no podían moverse inmediatamente. Frente a nuestro personaje apareció la figura de una bella y amable dama, perteneciente al plano espiritual.

– Bienvenido a nuestro grupo de estudio. Por lo que veo, ésta es la primera vez que nos visitas; No recuerdo haberlo visto antes...

– Jesiel es mi nombre, señora...

– Diva. Llámame Diva – dijo sonriendo –, bienvenido a nuestro grupo, Jesiel. Entremos – Y dirigiéndose a los demás:

– Ocupen los primeros asientos al frente para que podamos atenderlos, según las necesidades de cada uno – Luego llamó a uno de sus asistentes, distribuyéndole algunas tareas más urgentes.

– Otro grupo viene de camino hacia aquí. Llegará para trabajar de noche; para ello, necesitaremos más colaboradores. Mira lo que puedes lograr para entonces con nuestra hermana María.

Jesiel, algo asombrado por los acontecimientos de los últimos momentos, siguió las instrucciones de la joven que trabajaba en la recepción. Entró a la habitación, dirigiéndose a las primeras filas de sillas indicadas por ella. Se sentó sin preguntar nada. Notó, a los lados, unos pequeños parlantes instalados que, dedujo, debían transmitir la voz de alguien, en el momento adecuado, pero, en ese momento, transmitían la misma música que lo había atraído al tren. El hecho lo conmovió. También notó que detrás de la mesa frente a él había un micrófono y, más allá, un piano. Una gran paz brotó en su ser. No tenía curiosidad sobre lo que sucedería allí. Desde que subió a bordo, lo invadió una tranquilidad. Una sensación que lo estaban conduciendo hacia el final de algo muy valioso, lo hizo calmarse y esperar, dentro de esa paz que nunca antes había sentido.

Los colaboradores espirituales de la casa tenían sus nombres impresos en las insignias que llevaban colgadas de una cadena de plata alrededor del cuello.

Se movían, yendo y viniendo, guiando a los recién llegados a lugares específicos y dejando con ellos una especie de expediente, en el que se registraba alguna información.

En cierto momento se escuchó otra suave melodía por los parlantes y una voz femenina inició la oración.

– Amigos míos, estamos aquí, una vez más reunidos en el nombre de Jesús, nuestro Hermano Mayor, para iniciar otra obra mediúmnica, para la cual pedimos la colaboración de todos en la oración sincera que nos conectará con el Padre amoroso y bueno sobre todas las cosas, pueden y nos concederán los beneficios según nuestro mérito. En estos momentos en los que vamos a entrar en contacto con el plano físico hay que dejar de lado cualquier preocupación que pueda alterar nuestra comunicación. Es importante que sintonicemos el rango vibratorio de estos colaboradores encarnados desinteresados, para que podamos disfrutar del bienestar que siempre hemos buscado aquí. En este mismo momento, ellos están en oración, vibrando por ustedes que muchas veces se encuentran sin comprender la situación real, después de la pérdida de su cuerpo físico. El trabajo de intercambio ha comenzado, los médiums están listos. A través de nuestro generador de energía podemos observar que muchos, hoy, pueden tener la bendita oportunidad de dar su mensaje.

Luego preguntó quién estaba en la habitación por primera vez. Algunos de ellos se expresaron recibiendo las necesarias aclaraciones sobre cómo funcionaba el contacto entre encarnados y desencarnados.

– Muchos de ustedes podrán salir de aquí sin tener el llamado contacto con nuestros benefactores. Para una correcta comunicación es necesario que no se dejen apoderar de la emoción. Una vez que hayan logrado la perfecta armonía con los médiums terrenales, ¡intenten hablar de todo lo que sienten y que aflige su alma! Seguramente habrá entre los voluntarios desencarnados que trabajan en el plano espiritual, alguien que les dará una guía segura para el viaje hacia la verdadera patria más allá de aquí. Lo importante; sin embargo, es el mensaje que recibirán a través de nuestro trabajo de intercambio con el plano material. La donación de energías por parte de los encarnados, a través de la vibración amorosa de sus corazones en estos momentos, fortalecerá sus mentes y renovará sus espíritus, para el gran momento de aceptación y comprensión de la realidad del mundo en que ahora habitan. En nuestros encuentros recibirán energías de diversos tipos, según las necesidades de cada uno y que les proporcionarán una mejor comprensión del mundo espiritual en el que viven y el motivo de acudir a este puesto de socorro. Aquí hay varios cursos para todos y según los intereses de cada uno. También disponemos de bibliotecas donde podrán consultar sus dudas con nuestros voluntarios. Quienes entiendan el trabajo y se integren en el estudio podrán, en el futuro, colaborar en la Casa. De esta manera, serán cada vez más fuertes para el gran viaje, definitivamente para el plano espiritual y, tal vez, para el encuentro con sus familiares. ¡Aprenderán a no lamentarse por la pérdida de sus cuerpos materiales, sino más bien a alabar a Dios por el paso y por esta etapa aun por superar! Como pueden sentir, venir a esta Casa, orar con nosotros y donar estos momentos para beneficio de ustedes mismos, es una bendición por la cual debemos agradecer al Creador.

Mientras el orador explicaba los avances del trabajo, Jesiel pudo observar que no era solo su grupo el que estaba siendo recibido en ese lugar de oración. ¡Llegaban en todo momento verdaderas caravanas de hermanos que, como él, necesitaban guía y ayuda espiritual para que la comprensión llegara más rápidamente a sus corazones! Había varias habitaciones a las que se enviaba a los espíritus recién llegados. Niños, jóvenes y ancianos caminaron, apoyados por familiares, hacia un voluntario que los dirigió a salas especiales.

Jesiel observaba todo con curiosidad. Había visto entrar tambaleándose a algunos jóvenes, todavía niños, que apenas podían mantenerse en pie. Ellos eran los drogadictos. Los ojos bien abiertos, las pupilas dilatadas, las manos torcidas, formaban un cuadro aterrador. Éstos vinieron para un trabajo especial que, tal vez, tardaría mucho en realizarse. Eran todavía criaturas muy rebeldes que, por misericordia divina, encontraron allí, en aquel lugar, el apoyo de hermanos dispuestos a entregar sus energías, por la salud espiritual de todos ellos. Llegaron en masa, ajenos a lo que pasaba a su alrededor. Se rieron por nada. Sus actitudes eran automáticas. No sabían lo que pasaba a su alrededor ni que ya habían abandonado su cuerpo físico, tan brutalizados estaban por la droga que los había consumido.

Jesiel, tan impresionado con lo que vio, ni siquiera se dio cuenta que el mensajero se había quedado en silencio. Estaba bañado por una luz violeta que irradiaba a todos los presentes, en forma de gotas que se disolvían en el ambiente.

Inmediatamente, en la mesa, frente a las sillas donde estaban muchos de ellos y también nuestro personaje Jesiel, un dispositivo, que estaba allí y que hasta ese momento había pasado desapercibido, dio una señal de transmisión, mostrando de repente una tenue luz azulada. Similar a una computadora e incluso actuando como una de las que existen en el planeta, a través de su pantalla se podía observar, mientras el operador sintonizaba los espacios de trabajo de la Casa, sus avances. De repente, Jesiel tembló en la silla en la que se encontraba. Un escalofrío recorrió todo su cuerpo. Había observado algo allí en la pantalla del dispositivo que había conmovido su espíritu, hasta entonces en silencio. ¡Había permanecido en silencio hasta ese momento, pero ahora necesitaba saber por qué su nombre aparecía escrito junto a otros, en un libro sobre esa larga mesa! – En este libro, los nombres de personas desencarnadas fueron incluidos para irradiar pensamientos positivos por parte de personas encarnadas, familiares y amigos que pidieron oraciones por sus seres queridos en el Centro Espírita.

Sin darle tiempo a hacer preguntas, el mensajero se acercó a él y le ordenó en voz baja:

– Ve, amigo mío. Sigue esta energía que te impulsará hacia la comunicación. ¡Recibiste la bendición del cielo! ¡Rara vez nuestros hermanos logran, la primera vez, entrar en contacto con el plano material y, quizás, con sus familias! Ve, hermano. Da tu mensaje.

Y antes que Jesiel pudiera siquiera responder, sintió que algo muy fuerte lo arrastraba hacia la habitación. Se encontró al otro lado de la habitación en la que había estado momentos antes y, ahora, bajo una fuerte impresión, la exclamación salió de su garganta casi en un grito:

– Margarita… ¡Margarita! ¿Entonces fuiste tú? ¿Fuiste tú quien oró por mí, quien oró por mí?

Inmediatamente, Margarita sintió esa vibración envolver sus pensamientos y sintonizó los de Jesiel.

– ¿Sería él? ¿Estaría allí en ese momento? ¡Oh! ¡Dios! ¡Oh! ¡Dios! – ¡Y el anhelo que había sentido durante tanto tiempo se hinchó en su corazón! Las lágrimas cayeron silenciosamente por su rostro. ¿Por qué el recuerdo de Jesiel estaba tan fuerte en sus pensamientos en ese momento?

Tomó el lápiz que estaba sobre la mesa y el papel que tenía delante. Su cabeza empezó a dar vueltas... a dar vueltas... y empezó la psicografía.

Jesiel permaneció al lado de su amiga, muy emocionado, agradeciéndole el cariño que le había brindado antes de su muerte y por las muchas veces que lo había atendido cuando la enfermedad se había manifestado. Dijo que estaba bien, pero que realmente extrañaba a su familia. Dijo que para él el plano espiritual todavía estaba lleno de sorpresas. De repente, rompió a llorar, interrumpiendo la comunicación.

Margarita, muy emocionada, no quería creer lo que había escrito.

¿Realmente podría ser Jesiel?

Al no poder continuar comunicándose, dada la fuerte emoción que sentía, fue retirado de la habitación por generosos amigos que se encontraban allí para ayudar a sus compañeros desencarnados. Más tarde, ya recuperado de las emociones por las que había pasado, murmuró emocionado:

– ¡Qué bendición, Padre mío! ¡Qué bendición poder contarle a mi familia todo lo que siento y sobre todo poder contarle a Margarita muchas cosas sobre mi nueva situación! Volveré una y otra vez, si me lo permiten... No imaginé que todo sería así... ¡Realmente creo que ignoré estas cosas! ¡Oh! ¡Cómo me gustaría quedarme más tiempo, con esta dulce amiga, en las horas tranquilas de mi vida y en las horas de gran angustia!

La misma fuerza que lo había impulsado a la sala de trabajo lo había traído de regreso al salón, donde tantos otros compañeros que llegaron con él a la Casa espírita, pasaron por el mismo proceso energético para que la comunicación se desarrollara de la mejor manera posible.

Diva lo ayudó a sentarse en la silla. Jesiel, aun conmovido por los acontecimientos, dio rienda suelta a las lágrimas. La música invadió el ambiente, trayendo mucha emoción a todos. Cada uno de ellos tenía en sus ojos el recuerdo de un pasado, de una etapa de la vida terrena, que la muerte les había arrebatado. Se sintieron perdidos; algunos, todavía apegados a la materia.

Fue entonces que una infinidad de luces de brillantes colores cayeron sobre las cabezas de quienes esperaban, en estado de gracia, la asistencia tan necesaria a sus espíritus.

La música, proveniente de todas direcciones, envolvió a todos y brindó una paz sublime a quienes ahora eran llevados a las otras salas de trabajo. Se podía notar en sus rostros la ansiedad por comunicarse con el plano material. Cada uno cargaba con un problema diferente: ¡un dolor profundo o un gran anhelo!

Después del último servicio y después que todos se hubieran servido el precioso líquido que estaba en el cántaro sobre la mesa, la oración final la pronunció la hermana María, quien asistió servicialmente.

Se despidieron llenos de la paz que ahora llenaba sus corazones. Conociendo un poco más las razones de la situación en la que se encontraban, ¡tenían la certeza que, la próxima semana, estarían nuevamente en ese lugar bendito que los acogió y les transmitió mucha fraternidad!

# CAPÍTULO III
## Regreso a la Cabina

Los celos no tienen preferencia. Nace dentro de un hombre o una mujer. Fruto de la pasión, los celos de cosas o personas dan lugar a desacuerdos que acaban alejando a quienes más nos gustaría tener cerca de nosotros.

Finalmente, el tren estacionado frente al edificio y conducido por Sezinando, comenzó a moverse, invadiendo las calles de la capital. En breves instantes, que para algunos pasajeros parecieron una eternidad, debido al estado evolutivo en el que se encontraba cada uno de ellos, penetró en la atmósfera cercana a la corteza terrestre, dejando, de vez en cuando, a algunos pasajeros buscar sus hogares. Nuestro personaje desembarcó en la entrada del bosque. El conductor detuvo el tren y, con esa voz autoritaria que lo caracterizaba, exclamó:

– Baja amigo, y la semana que viene, si quieres volver al Centro Espírita, tienes que esperarme aquí.

Y apenas Jesiel desembarcó, salió a toda velocidad, desapareciendo en la curva de la carretera.

¡Tomó el mismo camino para regresar a casa, en la cima de la montaña, donde se había refugiado hacía mucho tiempo!

Conociendo su verdadero estado, sin embargo sin buscar nuevos horizontes en la espiritualidad, fue recogido después de su muerte por amigos y familiares que lo llevaron a un pequeño hospital cercano a la corteza hasta que se recuperó del shock del paso. En los últimos años de su vida terrena sufrirá mucho. Y recordó la falta de bienes materiales, que había visto escaparse de sus manos, aunque nunca le faltó la motivación para trabajar, y tantas otras dificultades y decepciones. ¡Todo esto lo amargó y lo desilusionó! No tenía una compañera a su lado que lo animara, a pesar que llevaban más de veinte años juntos. Vivían juntos, pero separados, ya que los lazos del verdadero afecto no los unían. Este fue su segundo matrimonio. La primera vez que se casó era demasiado joven. ¡Solo tenía dieciocho años y su elegida todavía era una adolescente! ¡Soñadora, buscó encontrar en su novio, hasta entonces, todas las cualidades necesarias para una vida llena de felicidad! Jesiel no culpó a nadie por la infelicidad que había sentido desde los primeros años de aquel desastroso matrimonio.

Cecília era una niña talentosa y criada para el hogar. Había desempeñado, desde los primeros momentos, su verdadero papel. Educada en las mejores escuelas de la capital, había aprendido, de las monjas, todas las habilidades domésticas necesarias para poder contraer un buen matrimonio. Pero eso fue todo. Ese sentimiento noble que toda mujer debería tener, ese cariño que nace del alma, expresado en gestos y sentimientos hacia la persona que amas, ella no lo tenía. Su espíritu, todavía muy rudo, pensaba dominarlo todo. Atendió todos los deseos de Jesiel, pero lo quería todo para ella sola. Los celos enfermizos que sentía hacia él dieron lugar a muchos desacuerdos que culminaron con ella alejándolo de su compañía. Luego se quedó en el trabajo hasta muy tarde para no tener que escuchar las quejas de Cecília.

Acababa de entrar, cerrando la puerta detrás de él. Guardó la linterna en el armario y, como de costumbre, colgó el abrigo en la percha junto a la puerta. Luego se quitó los zapatos.

¡Se sentó en una silla, cerca de la ventana desde donde podía ver el encantador paisaje del lugar! Cerró los ojos, intentando revivir los detalles de ese día. Esta vez ni siquiera buscó la compañía de su inseparable guitarra.

¡Su espíritu inmediatamente se sumergió en los recuerdos que aparecían en su mente, revelándole, para él, una vida de sueños e ilusiones perdidas en el tiempo y el espacio!

# CAPÍTULO IV
# La Lucha en los Planos Materiales

Las inquietudes y desacuerdos que nos impone la materia nos hacen avanzar, cuando están bien apoyados.

Las calles de la capital, a esa hora, estaban congestionadas de tráfico. Todo el pueblo con prisas, llegando a sus casas al mediodía y luego, tras un breve descanso, regresando nuevamente al trabajo.

Jesiel, con largas zancadas, se detuvo frente a la puerta. Cecília, inquieta, lo esperaba, justo detrás de la entrada. ¡Los ojos muy negros y grandes brillaban! Ella, toda electrificada, con los brazos cruzados delante de ella, iba y venía por el pequeño porche de la entrada de la casa. Cuando se encontró con su marido sonriente, llamándola para que le abriera la puerta, mientras estaba cargado de paquetes, soltó:

– ¡Pensé que ya no llegarías! – Dijo y abrió el portón con mucha fuerza, sin disimular la angustia que sentía cada vez que Jesiel llegaba un poco tarde –. ¡Cuánto tardaste!

– ¡Era el tráfico Cecília! Pero estoy aquí de una pieza. ¡Sano y salvo!

– ¡Bien, bien! – Murmuró ella recibiendo el beso que él le depositó en el rostro. Entraron. Dentro de la casa, doña Eunice, la suegra, terminaba de poner la mesa.

– Vamos, Jesiel. Llegas un poco tarde. Ven a almorzar pronto. Hoy tengo esa cita en la iglesia... Cecília irá conmigo, como siempre.

– Sí, sí – tartamudeó Jesiel, dirigiéndose al baño –. Solo un momento, señorita Eunice.

Cecília lo acompañó, permaneciendo afuera y haciéndole preguntas.

– ¿A qué se debe el retraso? ¿Saliste a tiempo o Jacinto te volvió a encerrar en la oficina después del trabajo? Sí, porque la semana pasada fue así, ¿recuerdas? – Preguntó, aguzando el oído, tratando de escuchar alguna respuesta falsa. Constantemente hacía de la vida de Jesiel un infierno con sus celos enfermizos. Controlaba su agenda, su trabajo, sus compañeros. Sus amigos de la oficina solo podían ser hombres. Si una mujer lo llamara por cuestiones laborales, ¡Cecília armaría un gran escándalo!

Salió del baño secándose las manos con la toalla que ella le ofreció.

– ¡Imagínate, hasta Ariel ya fue a la escuela! Llegaste tarde y ¡mucho hoy!

– ¿Será posible, Cecília, que no sepas hacer otra cosa que quejarte de mi tardanza? Llegué tarde. ¿Y ahora? ¿Qué vas a hacer? ¿Hablar hasta mañana?

– ¡Suficiente, basta! – Advirtió doña Eunice –. Ya se nos está acabando el tiempo. Ven y siéntate. ¡La comida se enfriará!

Jesiel se sentó a la cabecera de la mesa. No sirvió a Cecília, como era su costumbre. Estaba demasiado molesto. Todos los días eran iguales. ¡Los celos de su esposa no lo dejarían en paz! Pelearon mucho. Fuertes escenas de discusión fueron presenciadas por el único hijo, Ariel, sin comprender. Cuando Jesiel salía con el niño, llevándolo a jugar a la plaza cercana, Cecília no dejaba solo a su hijo camino a casa. Lo acribilló con preguntas como: "¿A dónde fueron?" "¿A quién conoció tu padre?" "Con quien hablaste"?

– Conmigo a solas, mami – respondió el niño –. ¡Solo conmigo se quedó papá, solo conmigo habló papá!

Luego guardó silencio, satisfecha. El hijo ciertamente dijo la verdad. Pero no se dio cuenta que él también, a pesar de su corta edad, se estaba cansando de tantas preguntas cada vez que regresaba de sus paseos con su padre. Incluso se lo había mencionado a Jesiel en una de sus salidas, tal era el fastidio que le causaban esas preguntas. ¿Y cuál era la razón? Él no entendió. Veía a su padre como su amigo, su compañero y aquellas peleas entre su madre, acusando a Jesiel de algo, lo entristecían mucho. Al crecer en este ambiente sin paz, Ariel se había vuelto distante. Cecília, preocupada por velar a Jesiel, se olvidó de su hijo, que necesitaba mucho cariño y atención. Pasaba parte de la tarde en el colegio y por la noche, después de cenar, siempre atendido por su abuela Eunice, hacía los deberes, normalmente en compañía de ella. ¡Cecília esperaba a que Jesiel llegara del trabajo y se le ocurriría algo que hacer por la noche! Visitar a la suegra, una vez por semana y en días concretos, era uno de los planes. Y, por supuesto, quejarse de Jesiel y sus horarios perdidos. Ver una buena película los sábados y rematar la noche en un snack bar también era una rutina. ¡Pero Ariel nunca los acompañó!

Pasaron los años. La enfermedad de Cecília empeoró cada vez más.

Jesiel no estaba dotado de belleza, pero su porte elegante y sus modales amables atraían la atención y la simpatía de todos. Un día estaba prevista una celebración en la firma donde era director comercial. Un almuerzo de celebración para los empleados y sus familias.

Asistieron Cecília y su hijo. ¡Pero ay! ¡Qué escándalo! Una colega de Jesiel llamada Helena, que era muy conversadora, decidió, para ser agradable, elogiarlo ante Cecília. Dijo que estaban trabajando juntos en un proyecto que traería algunos artistas de Río de Janeiro para actuar en la radio local. Ambos intentaban encontrar patrocinio para pagar a los artistas que vendrían. Esperaban una buena temporada.

Cecília apenas escuchó las últimas palabras de la joven. Se levantó sonrojada, llamó a su hijo que se estaba divirtiendo con unos amigos, hijos de compañeros de su padre, y le dijo a Jesiel que se iba.

– ¡Pero cómo! ¡No podemos salir así, dejar a la gente! La reunión está hermosa, todos se divierten. ¡Cecília, por Dios, que no vuelvas a tener celos!

– Esa chica, Helena, me habló de un proyecto en el que están trabajando juntos. Hasta ahora no me habías dicho nada. ¿Crees que no tengo derecho a participar en tu vida y trabajo? Estoy aquí ahora, pareciendo una tonta. ¡Todos lo saben, menos yo!

- Cecília, te lo iba a decir más tarde, cuando todo estuviera bien. Y luego, esto es una cuestión de trabajo. No creo que te importe mucho... y cuantas veces he intentado hablar contigo... pero cuando llego a casa, son solo exigencias y más exigencias, porque estoy fuera de horario de trabajo. ¿Quieres saber más? Perdí las ganas de hablar contigo. ¡Estoy cansado de estos celos!

– No me llames la atención aquí. Quiero irme, sino empezaré a gritar y ya verás.

– ¡Haz como quieras! Hazlo, quítame el respeto de todos porque hoy rompo contigo, dejo nuestro hogar. ¡Estoy harto, Cecília, estoy harto!

Pero ella se encogió de hombros, pasó la mano a su hijo que se acercaba y disimulando el intenso enojo que sentía, se despidió diciendo:

– Jesiel me llevará, estoy un poco mal. Ahora volverá contigo – . Y volviéndose hacia Jesiel, amenazó:

– Llévame ahora, de lo contrario no responderé de lo que pueda pasar... Le daré una paliza a esa descarada de tu empleada, esa Helena.

Jesiel sabía que Cecília cumpliría su promesa. Con una sonrisa incómoda, saludó a sus compañeros y se fue, tomando del brazo a Cecília y a su hijo. Ariel, sin entender nada de lo sucedido, acompañó a sus padres.

Sin embargo, Jesiel nunca regresó al lugar de la reunión. Se sintió devastado por lo que había sucedido. Sus compañeros de trabajo conocían la vida que llevaba junto a su esposa.

Quedó allí, el enorme salón del Club, alquilado para reuniones familiares, en el lugar donde había instalado el sonido para que sus compañeros realizaran un baile, luego del esperado asado. Esa era su vida. ¡Sin grandes encantamientos! Una unión completamente fallida. No había hecho ningún esfuerzo por tolerar los celos de Cecília, pues les decía a todos los que lo conocían que no daba ninguna razón para ello. Vivía su vida con normalidad, de casa al trabajo y de allí a casa, si se le podía llamar casa, ¡el infierno en el que había vivido tanto tiempo! Cuando menos lo esperaba, Cecília lo sorprendía en el trabajo, culminando siempre esas visitas en discusiones, pues sabía que había venido a buscarlo para velarlo. ¿De qué? Se sentía aburrido de todo. Principalmente, el infantilismo de Cecília. Después de tantas escenas de celos, ella lo buscó con pesar, luciendo un provocativo camisón. Esta actitud lo puso furioso.

– Así no solucionaremos nuestros problemas, Cecília. Necesitarás un tratamiento serio. No podemos seguir con esta vida así. No es justo para mí ni para nosotros. ¡Tomemos un descanso! Estaba pensando seriamente en ir a pasar unos días a casa de mi hermana Denise. Ella es una persona sensata y seguramente podrá aconsejarme. Sabes que ella es espírita y recibe ese protector del que muchas veces he seguido consejos. Me quedaré allí unos días y tú, sin mi presencia, podrás poner las ideas en marcha. Entonces no podemos continuar Cecília. Llevamos mucho tiempo casados y, en estos años, no hay manera de decir que la felicidad vive a nuestro lado. Ya nos hemos perdido en este viaje nuestro... Cecília, no merezco todas estas sospechas y tú, actuando así, ¡estás matando lo último de vida que nos queda! Mañana iré a ver a Denise. Ella sabrá aconsejarnos el mejor camino.

Cecília estuvo llorosa el resto del día, inventando mil maneras de llevarse bien con su marido. Sin embargo, esto siguió siendo irreductible. No pudo soportarlo más. Y estaba decidido: partiría hacia la casa de su hermana a la mañana siguiente. Primero hablaría con su hijo y trataría de explicarle los motivos de su marcha. Ciertamente, Ariel sufriría, pero esperaba que el chico, después de sus explicaciones, entendiera sus razones. ¡Después de todo, Ariel ya era un hombrecito! Él también sufriría mucho al ser separado de su hijo, pero esperaba que, mientras tanto, Cecília reflexionara y tratara de frenar sus impulsos de celos. Después de todo, ¡ya nadie podría tener paz en ese hogar! Incluso la señora Eunice, madre de Cecília, estaba muy molesta por la situación.

Jesiel siempre había pensado en mudarse a una casa donde estuvieran solo él y su esposa. Pensó que, tal vez con él, su esposa y su hijo, juntos en una casa solo para ellos, Cecília cambiaría un poco. Lejos de la influencia de su suegra, creía que todo sería diferente. Cecília; sin embargo, se mostró reacia, pues no quería dejar la compañía de Eunice. Ambas eran muy parecidas y desde que falleció el padre de Cecília, la relación entre ellas se hizo aun más estrecha.

# CAPÍTULO V
## Daño sin Perdón

Una vez que se lesiona la sensibilidad de un espíritu, nuestras imperfecciones dificultan la reparación. Perdonar o aceptar es una virtud difícil de experimentar.

Esa noche, Jesiel metió a su hijo en el auto que había comprado no hacía mucho y lo llevó a dar una vuelta por los alrededores. Fueron a una panadería y, como dos buenos amigos, comieron helado y conversaron. Jesiel, esforzándose por no mostrar el dolor que sentía por tener que dejarlo, aunque fuera temporalmente, habló con él durante un largo rato. Le prometió que vendría a buscarlo los fines de semana para salir a caminar por el parque, como siempre hacían, los domingos.

Ariel asintió. Para no lastimar a su padre, trató de ser fuerte y no derramar lágrimas. De camino a casa, entró silenciosamente. En los días siguientes, sintió que la revuelta se apoderaba de su corazón cada vez que Cecília le hablaba. Evitó mirar a su madre. Jesiel se fue a la mañana siguiente, después de irse a la escuela. Lo había hecho a propósito para que su hijo no presenciara su partida y rompiera a llorar, haciendo el momento más doloroso. Entonces, no tendría el valor de continuar con su intención. Las maldiciones que la mujer le lanzó al verlo empacar su ropa en una pequeña maleta ya no fueron suficientes. Al ver que nada podía disuadirlo de ese propósito, cogió el teléfono y llamó a su hermano, el único hermano que tenía. Esperaba que pudiera evitar que Jesiel se fuera. Sin embargo, Octavio, así se llamaba, consciente del terrible genio de Cecília, respondió que era mejor, para ambos, un tiempo de reflexión.

– Verás – dijo –. Siempre me ha gustado mucho Jesiel y no quisiera perder su amistad por entrometerme en sus vidas. Una separación temporal entre ustedes será buena, créeme, hermana mía. Jesiel me habló mucho de ti, justo el otro día. ¿Quieres saber? Fue en la última reunión de comerciantes; él estaba muy abatido y tenía la firme intención de tomarse un descanso de sus vidas hasta que las cosas mejoraran entre ustedes. Cecília, hermana mía, solo me queda lamentarme. Entiende, no quiero influir en nada en sus vidas. El problema es tuyo. Te advertí tantas veces que algún día se produciría la separación. ¡Ni siquiera un hombre puede soportar tanto, Cecília! Jesiel es un buen hombre, trabajador, cariñoso... pero tus celos, querida...

– Está bien, Octavio, no hace falta que me digas nada más. Pensé que podrías ayudarme.

Colgó el teléfono enojada, aun a tiempo de correr hacia la puerta y ver que Jesiel se había ido sin siquiera despedirse.

– Así está mejor – gritó desde la puerta de calle para que los vecinos pudieran oírlo –. ¡Nunca más lo aceptaré! ¡Nunca vuelvas aquí otra vez!

# CAPÍTULO VI
# ¡Los Grandes Amores son Eternos!

Cuando almas con ideas afines se encuentran, dejan huellas profundas. Difícil ser olvidado.

Margarita había salido del Centro Espírita un tanto estupefacta por lo sucedido. Se preguntó de camino a casa si todo lo sucedido no había sido producto de su imaginación. Siempre había querido que Jesiel viniera algún día y le diera noticias. Sabiendo cómo funcionaban las cosas en la espiritualidad, esperó con calma ese momento. Sabía que no debía pensar en él durante el trabajo mediúmnico, ya que podría manifestarse como un impostor, un espíritu juguetón y burlarse de sus sentimientos. Había puesto su nombre en el libro de radiación, tan pronto como falleció, para que las oraciones del grupo llegaran a él. Ese día, sus pensamientos solo estuvieron atentos a los mensajes leídos antes del trabajo. El líder del grupo le había pedido que leyera y comentara la página leída del Evangelio, que se refería a la "Pérdida de seres queridos." Pero se juró a sí misma que en ningún momento había pensado en Jesiel.

¡La felicidad que sentía era tan grande que se negaba a creerlo!

— ¿Y si me equivoco? No, no puedo pensar así. Realmente era Jesiel, la energía que sentí era tan fuerte... no puedo pensar así... era él... ¡sí!

Había llegado a la plaza. Miró el reloj que tenía delante, en uno de los de los jardines, y, asegurándose que aun faltaba algo de tiempo para el anochecer, buscó una banca. ¡Necesitaba descansar y pensar! ¡Piensa y recuerda! ¿Cuántas veces de camino a casa desde el trabajo mirabas los autos en las calles y, si uno de ellos se pareciera al de Jesiel, tu corazón daba un vuelco para luego darte cuenta que nunca lo volverías a ver, que nunca lo encontraría? ¡Él de nuevo! ¡Qué ingrata había sido la vida para él! Varias veces, ese hombre se había cruzado en su camino y, varias veces, lo había perdido. Lo había perdido por elección propia. ¡Había renunciado a ese amor del tamaño del mundo, no sin lágrimas, no sin sufrimiento! Siempre guardando la alegría de vivir a tu lado para más adelante.

Cerró los ojos por unos momentos, experimentando el pasado que todavía estaba tan presente en sus recuerdos. Sabía que no debería hacerlo. Los recuerdos vividos hace tanto tiempo solo la hicieron sufrir. Ahora era demasiado tarde. ¿Qué sentido tenía pensar y pensar, si el tiempo que había perdido en renuncias y dedicación a su familia se había ido y, por mucho que quisiera, nunca volvería? El amor que sentía por Jesiel era impetuoso, incluso irreflexivo, para ambos. Jesiel, todavía atrapado con su esposa, tan complicada y celosa, vio en Margarita, desde el primer momento que la conoció, a alguien que completaría su vida, ¡que había estado tan vacía durante mucho tiempo!

Los minutos pasaban rápido y ya se acercaban las primeras señales que se acercaba la noche. Pero para Margarita, sentada en la plaza, el tiempo no importaba. Frente a ella solo vio la figura todavía joven de Jesiel, surgiendo de las brumas de un pasado lejano, sin decirle una palabra, casi tocándole la cara con un papel y que, sorprendido, se obligó a leer, pensando que era más bien relacionado con su próximo trabajo, ya que ella era enfermera en el hospital cercano al trabajo de Jesiel y, en ocasiones, se reunían en la cafetería, que él y algunos compañeros solían frecuentar. Nació entonces entre todos una amistad relajada, cada uno hablando un poco de sí mismo. Fue solo eso y nada más. Margarita tenía un novio que rara vez aparecía para acompañarla a la hora de comer. Siempre estaba lidiando con algo que, según él, era más importante que las palabras desperdiciadas en esas ocasiones. Como estudiante tuvo sus momentos de estudios, conferencias y ocio, que ciertamente no eran los mismos que los de Margarita. Eran personas con gustos y deseos diferentes, pero se querían mucho. Estaban comprometidos y sabían que algún día se casarían. Solo esperaba que André, así se llamaba, terminara sus estudios de Medicina, que estaba a punto de terminar, para que el matrimonio pudiera celebrarse.

Margarita soñaba con un hogar lleno de niños. Había idealizado, en su cabecita soñadora, una forma de vida un poco diferente de la realidad. Era romántica, sus gestos mostraban mucha delicadeza y soñaba, ¡soñaba mucho! Todos en el hospital la conocían y la querían mucho.

Jesiel había dado su mensaje, en un simple papel: "Guarda estas palabras en tu corazón y no se las digas a nadie. ¡Te quiero mucho!"

Asustada por aquella repentina confesión, no logró comprender el gesto de Jesiel. Lo veía constantemente, pero no entendía los sentimientos que decía tener hacia ella. Ella lo miró con miedo. Ella se sonrojó avergonzada por la revelación. Nunca había pensado en Jesiel. ¡Así no! Sintió como si algo prohibido hubiera penetrado en su ser. Miró al hombre frente a él durante mucho tiempo, con expresión ansiosa por su reacción.

– ¿Qué es esto? ¿Un mal chiste? – Pensó.

Ella se levantó de donde estaba sentada, pasó junto a él rápidamente, ¡avergonzada por todo! Buscó la puerta que daba al balcón del snack bar del primer piso. Permaneció allí unos minutos para recuperarse del shock que había recibido ante la revelación.

André había quedado con ella para almorzar juntos, pero, como siempre, llegó tarde y ella se quedó sola. Ante lo sucedido buscó refugio allí, desde donde pudo observar la llegada de André. Cuando se dio cuenta que él venía por la avenida, corrió salvajemente a su encuentro. Ella le dio el beso habitual, casi rogándole que no llegara más tarde. No le gustaba esperarlo así, hasta muy tarde.

– ¡La próxima vez, si no estás a la hora acordada, me iré! – Le advirtió ella, molesta.

¡No estaba bromeando, no! En los días siguientes, trató de evitar la presencia de Jesiel. Nunca volvió a ir a ese restaurante.

# CAPÍTULO VII
# ¡Las Esperanzas de Jesiel!

Por su manera de mirar la vida, el hombre puede aumentar o resumir su amargura.

Habían transcurrido algunos meses durante los cuales Margarita se había sumergido en el trabajo, tratando de olvidar lo sucedido. Trabajaba día y noche, haciendo algunos turnos y saliendo mucho más tarde camino a casa. Jesiel, a pesar de la separación de Margarita, siguió amándola mucho y sus pensamientos eran solo para ella. Se separó de Cecília, con quien imaginó que nunca volvería a vivir. Cuando conoció a Margarita se sintió atraído, primero por su dulzura, sus gestos delicados y su peculiar manera de hablar. En las conversaciones que intercambiaban, durante los almuerzos con compañeros, él siempre estaba observándola y preguntándose, íntimamente, ¿dónde la había visto? ¡Margarita le resultaba tan familiar! Cada día que pasaba, sabía más y más que no podía vivir sin su presencia. Pero ella necesitaba saber eso y él ciertamente la conquistaría. Estaba seguro que ella nació para vivir a su lado. Por la imprudencia de un adolescente, había hecho ese desastroso matrimonio con Cecília, hacía algún tiempo. Ahora agradeció al cielo la libertad que disfrutaba. Se sentía en paz, ya que había hecho todo lo posible para mantener esa unión. No fue culpa suya sino de los celos enfermizos de Cecília. ¡Lo intentó todo, pero no fue posible! Al lado de Margarita se sentía feliz, había vuelto a sonreír. Bendijo el amanecer, como un adolescente, porque sabía que pronto, a la hora del almuerzo, la encontraría, aunque fuera como amiga. André, el novio de Margarita, rara vez estaba con ellos. Este era un hecho que Jesiel no entendía. Incluso se lo mencionó a la joven. Pensó que no era amada lo suficiente como para casarse...

– Eres tan diferente. Este comportamiento de tu prometido es extraño. Casi no hay tiempo para ti...

Margarita se disculpó:

– André está muy ocupado y sus estudios ocupan mucho del tiempo que podría dedicarme. Estoy preparada, Jesiel, para ser la esposa de un médico. Es necesario tener mucho espíritu de renuncia para casarse con un médico. Creo que estoy lista, sí. Yo también tengo mi profesión y no pienso dejarla por nada de este mundo. André lo sabe.

Una tarde, casi al anochecer, decidió esperarla al salir del trabajo. ¡Estaba loco, desesperado por verla!

– ¡Te quiero mucho, mucho, Margarita! Por favor, créeme, mis sentimientos son sinceros.

Ante la sorpresa del encuentro, la joven respondió:

– Jesiel, no esperaba encontrarte aquí y ahora. Ahora mismo me voy a casa. No puedo demorarme. Hablaremos otro día.

– ¿Dónde está André? ¿No pudo acompañarte otra vez? – Preguntó Jesiel con insistencia, queriendo demostrarle una vez más que tenía razón en sus deducciones. ¡Su novio no la amaba!

– André viajó a una conferencia – respondió ella, molesta, ante la insinuación de Jesiel.

– Entonces podemos hablar en algún lado. Te llevaré a casa más tarde, no te preocupes.

– Está bien, Jesiel, ganaste. Así que vayamos a cenar. ¡Me muero por tomar un café! Y por favor dilo todo ahora, Jesiel. Di todo lo que tengas que decir y déjame en paz después.

— ¡Está bien! — respondió con una amplia sonrisa de satisfacción —. Ven conmigo, vamos a buscar mi auto que está cerca. Vayamos a un lugar menos conocido. Quiero estar a solas contigo, necesito hablar contigo mucho, mucho.

Margarita siguió a su amigo, arrastrada por una sensación desconocida. ¿Era por tanta insistencia de Jesiel que su corazón había dado un vuelco y había aparecido un brillo extraño en sus ojos? Le parecía que ya había vivido una situación similar en alguna parte. Lo intentó, pero no lo recordaba. ¿Realmente estaría dispuesta a apartarlo definitivamente de su camino?

Últimamente su corazón se aceleraba y sus pensamientos, de vez en cuando, se dirigían a Jesiel. No quería, pero sucedió. Su figura perturbó su mente. Sabía que no estaba bien, pero algo más fuerte la llevaba a pensar constantemente en el chico. Sí, hizo comparaciones entre él y André, aunque ese no era su deseo. Jesiel tenía razón cuando le dijo que André no la amaba. ¡No de la manera que ella lo quería! Tan frío, tan egoísta en sus gestos, tan dominante, la última palabra siempre fue suya. Pero ella, Margarita, vio en el chico a alguien más que un novio, un protector que podría brindarle un futuro seguro. Huérfanos desde muy pequeños, fueron criados por una tía, ella y su hermano Pedro. La vida era muy difícil para todos. Con muchas dificultades logró graduarse en enfermería y, ahora, con lo que ganó ayudó en los estudios de su hermano, quien había logrado aprobar el examen de ingreso a Medicina hacía dos años.

André ayudó a Pedro en todo lo necesario para seguir el rumbo que había elegido. Entonces, ella no podía debilitarse. No estaba bien engañar a André. Ella no quería, no podía... pero ¿por qué insistió Jesiel? Su corazón quería saltar de su pecho, sus manos temblaban. Nunca antes había sentido emociones como esta. Con André, todo se sentía tan bien. Tenía su trabajo en el hospital, se dedicaba, además de su deber, a los pacientes que le confiaban. Los trató con un amor inusual. ¡Era un ángel de franqueza, como decían todos los que la conocieron! Sin embargo, nada salió de la rutina habitual del trabajo que había elegido. André la entendió y supo que podía contar con ella en cualquier momento. Incluso cuando cancelaba una cita, sabía que contaba con su indulgencia. Y ahora, Jesiel parecía confundir sus pensamientos. ¿Había sido feliz hasta entonces? ¿O creía que eras feliz? Jesiel condujo el auto lentamente, buscando algún lugar donde tomar un refrigerio. Quería estar a solas con ella. De repente, se le ocurrió una idea. ¿Por qué no un snack bar? Podrían tomar un refrigerio allí mismo, en el coche. Aparcaría en el patio de uno de esos chiringuitos al aire libre y, allí mismo, en el coche, se los servirían. Luego podían hablar a la tenue luz de las farolas que iluminaban las calles. Nadie los reconocería y se sentirían más a gusto. Margarita estuvo de acuerdo. Eso era lo que más deseaba en ese momento: tomar un refrigerio y acabar con las pretensiones de Jesiel. Dieron un poco más de vuelta hasta que encontraron el snack bar. Estacionaron en un rincón tranquilo. Margarita permaneció en silencio mientras Jesiel hacía el pedido, no sin antes preguntarle qué quería. No pudo evitar hacer comparaciones. André no habría consultado su preferencia. Él siempre fue el encargado de todo. Eligió los platos en el restaurante y los hizo servir. Nunca preguntó sobre sus gustos. Se había acostumbrado a ello así, sin exigir nada. Todo estaba bien y estaría, de hecho, bien, si no fuera porque la apariencia de Jesiel alteraba su cabeza seria. Cuando se dio cuenta, Jesiel le pasó el brazo por el hombro y la atrajo hacia él.

– Te amo Margarita... ¡Te amo tanto! – Y, dominado por un sentimiento incontrolable, la besó prolongadamente.

Sorprendida, no pudo resistir el abrazo y el beso. La emoción que sintió, al notar el calor de sus labios, la hizo entregarse, sin pensar en nada más, que no fuera ese maravilloso momento, nunca antes vivido. Sí, amaba a ese hombre. Amaba a ese hombre con todas las fuerzas de su alma. Era evidente. No lo podía negar. Comprendió, en ese momento, que ya no podía luchar con sus sentimientos. Todo había salido a la luz con el contacto de sus manos sobre tu hombro, sus labios sobre los tuyos. Era como si estuviera experimentando esa emoción por segunda vez. Pero, ¿cómo?

Se entregó por completo. No pensó en nada más. También trató de vivir ese amor intensamente en los días siguientes. Jesiel la esperaba, al anochecer, frente a su trabajo y juntos caminaron por la ciudad hasta encontrar un rincón que los acogiera y donde pudieran estar tranquilos, lejos de las miradas curiosas de los transeúntes. Margarita sabía que tarde o temprano tendría que enfrentarse a André.

Se sintió tranquila en ese momento, porque André todavía estaría fuera por mucho tiempo. Y qué maravilloso era pensar en ese sentimiento que estaba latente en su corazón y, de repente, explotó, pareciendo como si siempre hubiera existido.

¡Con cada gesto que hacía Jesiel, era como si lo conociera desde hacía mucho tiempo! Que sensación tan maravillosa es estar a tu lado todos los días y reconocer el amor verdadero. Lo que había sentido por André durante tanto tiempo, ahora sabía que era simplemente una gran amistad. Se había acostumbrado a su presencia. Esa fue la gran verdad. Cuando lo vio por primera vez comprendió que ese sentimiento de admiración por su personaje y su obra era amor. Y él había mostrado, desde el primer momento, verdadera admiración y cuidado por ella.

Margarita salía de una doble neumonía. Ella llevaba unos días internada en el mismo hospital donde trabajaban, sin que antes su relación hubiera sido tan estrecha. Desde el día en que André, con algunos compañeros, fue a su habitación para ver los resultados de unas pruebas que se había hecho, su interés por ella tomó otro rumbo. Todos los días hacía la visita habitual, como interno de un hospital, a su habitación y daba serias recomendaciones para cuidarse. De esta manera conoció parte de su vida y trabajo dentro del hospital. Con su completa recuperación, el interés de André tomó nuevos rumbos. Empezó a llevarla a casa fuera de horario, quería conocer a su familia y, a menudo, por invitación de Luisa, su tía, se quedaba hasta tarde. A Margarita le pareció que se sentía muy solo. Dijo que había perdido a sus padres y a su única hermana en un accidente aéreo, cuando estaban de excursión en el extranjero, lo que le dejó un gran vacío en su vida. Por extraña coincidencia, también vivía con una tía, hermana de su madre. Informó que ella solía decir:

— Dios no quiso dejarme sola después de la muerte de mi esposo y me envió este ángel para alegrar mi soledad. Solo digo gracias todos los días por este regalo del cielo – Le dijo y se rio mucho, pensando que su tía lo malcriaba demasiado.

Y las visitas continuaron. Un domingo por la tarde llamó a Margarita que iba a pasar por su casa, para conocer a su tía Leonora. Fue un apuro. Margarita había advertido sobre la visita de André.

— ¡Dios mío! No tenemos nada que ofrecerles, ¡hoy ni siquiera hicimos un pastel! Trayendo a su tía a conocernos, ¿qué es lo que realmente quiere este chico contigo, hija mía? ¡Esto me parece una cita!

— Nada, tía mía. André es así, no comunica mucho y muchas veces tenemos que adivinar sus pensamientos. Creo que en realidad es la falta de una familia o de alguien que lo comprenda fuera del lugar de trabajo. ¿No te has dado cuenta de cómo le gusta probar tu famoso pastel de harina de maíz? André extraña estas cosas simples, tía. Doña Leonora, su tía, según él, no tiene talento para la cocina. Siempre trabajó afuera. Por eso le gustaste tanto y se encariñó mucho con Pedro. Lo que André realmente necesita es una familia. Siento que está muy solo – completó la joven depositando un beso en la mejilla de Luisa.

— Entonces, preparémonos para recibirlos, querida – sonrió la tía, dirigiéndose hacia el dormitorio.

Y así sucedieron cosas. Cuando Margarita se dio cuenta, quedó enredada en el cariño de André. Ella y su hermano lo amaban mucho. Se dio cuenta que André sentía una admiración especial por su hermano. Estudiaron en la misma universidad y André, aunque estaba a punto de graduarse, tenía muchos planes para Pedro. Planeaban trabajar en la misma área en el futuro.

– Sabes hermana, si no fuera por el apoyo de André no sé si me iría bien en mis estudios. Somos pobres y gastas la mitad de tus ingresos en mi universidad. Lo siento por esto, ni siquiera puedo ayudarte...

– ¿Aquí vienes otra vez con estas lamentaciones? Te he dicho tantas veces que, un día, todo terminará y tendremos una vida mejor. Ahora tendrá que ser así. Vivimos aquí en casa de la tía y poco podemos aportar, aunque ella nos quiere mucho y nos trata como a hijos. Le estaremos eternamente agradecidos por todo lo que nos ha dado. Ella siempre nos dice que nada es casualidad y que, si estamos colocados en su casa en esta encarnación, es porque era necesario. Tenemos deudas pasadas que saldar. Noto que tú, hermano mío, te deprimes a menudo. Esto no es bueno. Quiero verte graduado y brindándonos mucha alegría. La tía Luisa siempre nos dice que estamos en el lugar que necesitamos para nuestra evolución y que tenemos todo, según nuestras necesidades. El resto lo tendremos que hacer mediante nuestro esfuerzo, nuestra comprensión de las cosas que nos suceden.

– Tienes razón, hermana mía – respondió Pedro con un nuevo brillo en los ojos –, a veces mis pensamientos se interponen y trato de intercambiar ideas con André. Sabes, Margarita, él para mí es como un hermano mayor o incluso el padre que hace mucho tiempo que no tenemos. El otro día, la tía Luisa me dijo algo muy acertado: que podemos cambiar nuestro camino y todo lo que nos rodea, porque nuestro destino está constantemente en nuestras manos. Pero, primero, tendremos que analizar, observar y comprender qué es lo mejor para nosotros, dentro, por supuesto, del bien. ¿Crees que ese también es el caso?

Antes de responder a su hermano, Margarita se quedó pensativa. Ella misma había reprogramado su vida desde que conoció a André. Hasta entonces había vivido sin muchas expectativas. Su mayor preocupación era Pedro. Unos años mayor que él, lo consideraba como su hijo. Solo ellos dos vivían en el mundo y si no fuera por el ofrecimiento de su tía de vivir con ella, seguramente estarían separados, cada uno en algún lugar lejano, viviendo de la caridad de algún otro familiar. Agradecía al cielo a diario. Luisa había acogido a los dos hermanos, con motivo de la muerte de sus padres, como si fueran sus hijos y había hecho todo lo posible para que fueran buenas personas. Había conocido a André y se encariñó con él y cuando se dio cuenta que él la quería como esposa, creyó que podía cambiar su destino y el de Pedro. Ahora respiró aliviada, sabiendo que en el futuro un médico tendría facilidades económicas y así ella podría garantizar los estudios de su hermano. Y, además, hasta entonces pensaba que su corazón estaba tranquilo y qué amor era ese sentimiento que tenía por André. No había conocido a nadie más que a André, y su tía Luisa también pensaba que Dios lo había puesto en su camino, segura que era el correcto que ella debía seguir. André se había encariñado demasiado con Pedro. Ambos habían perdido a sus padres en su juventud; las historias eran similares. Para sus dos tías, éste era el destino correcto. Sí, Margarita planeó el resto. Si Dios lo había puesto en su camino, ¿por qué no dirigir a Pedro, a quien ella amaba tanto? Pero, ¿y ahora? Jesiel había aparecido y se había hecho cargo de todo su destino. Ya no podía organizar sus ideas como antes. Ella no era tan precisa en sus actitudes.

— Realmente creo que la tía Luisa tiene razón. Ya no sé pensar de otra manera. Y así es Pedro, podemos cambiar nuestro destino con nuestras actitudes, pero tendrán que ser buenas. Tendremos que ser honestos en nuestros propósitos. En cualquier caso, debemos ser sinceros en todo lo que hacemos – respondió la joven, pensando en cómo se sentía involucrada con Jesiel. Tendría que ser sincera con André, no podría engañarlo por mucho tiempo. A Margarita le gustaba hacer todo al aire libre y aquel romance, iniciado con tanta impetuosidad entre ella y Jesiel, le quemó el corazón. Necesitaba decírselo a su tía, recibir consejo y tomar un rumbo definitivo en su vida.

– ¡Oh! Dios, ¿por qué ocurrió tal amor en mi vida? – Se preguntó. Le pareció escuchar, en ese momento, la voz de Jesiel, susurrándole palabras afectuosas que André nunca le había dicho. ¡Eran tan diferentes! André, siempre tan acertado, enseñándole todo en todo momento! ¡Jesiel demostró que todo lo que hacía o decía lo hacía feliz! Para él, Margarita fue el complemento de su vida. Valoró cada minuto con ella. Era un amante cariñoso que hacía todo lo posible para hacerla feliz. ¡Entendió cada uno de sus pensamientos! Se completaron mutuamente de una manera muy especial. Margarita ya no podía concebir la vida sin Jesiel.

# CAPÍTULO VIII
## El Dilema de Margarita

A menudo cometemos errores por falta de tolerancia hacia quienes nos rodean.

El tiempo pasó rápidamente. André ya había regresado del viaje y su graduación se había producido a finales de año. Quedó muy feliz con este suceso, al notar la transformación de Margarita, siempre pidiendo disculpas y evitando reunirse con él. Como su trabajo en el hospital ocupaba casi todo su tiempo, no le importaba, porque, en realidad, siempre había sido así, se veían poco y cada uno tenía sus propios compromisos dentro de aquel asilo de ancianos.

Margarita siguió saliendo con Jesiel hasta el momento en que André le pidió que fijara la fecha de la boda. Tendría que tomar una decisión. Pensó que su procedimiento estaba mal. No quería lastimar a André ni decepcionar a Pedro.

Poco a poco fue encontrando fuerzas para tener una conversación definitiva con Jesiel. Sabía que el chico también pasaba por un gran sufrimiento y cómo era su vida alejado del cariño de su hijo Ariel, a quien veía muy poco. Últimamente sus reuniones ya no eran las mismas. Pasaron casi todo el tiempo hablando de sus vidas y de lo que dejaron atrás. Estaba segura que la separación entre ellos sería inevitable, a pesar del gran amor que los unía. Era solo cuestión de tiempo.

Jesiel le contó que su hijo pasaba las tardes en el colegio, estudiando y, por eso, solo lo veía los fines de semana, cuando Ariel se quejaba de su ausencia. Se estaba convirtiendo en un adolescente y necesitaba la atención de su padre. Se había vuelto melancólico. No hacía sus deberes en la escuela y ni siquiera le importaba lo que traía a casa. Vivió en constantes desacuerdos con su madre. De hecho, estuvo a punto de perder el año. Su comportamiento había cambiado por completo. Muy agresivo con Cecília, creía que ella era la causa de la expulsión de su padre de la casa.

La presencia paterna fue importante en su vida. Las visitas se volvieron raras y las llamadas telefónicas que le hacía su padre no eran tan precisas como solían ser. Desde que Jesiel se enamoró de Margarita, ese amor impetuoso lo consumió sin dejar lugar para nada más. Actuó como si fuera un adolescente, teniendo su primer enamoramiento. Ciertamente no se había olvidado de su hijo. Lo quería mucho, pero el trabajo y los encuentros con Margarita le ocupaban mucho tiempo. Además, Ariel siempre se mostraba irónico cuando hablaba por teléfono con su padre. No tenía ganas de hablar, solo se limitó a unas cuantas frases lacónicas que dejaban mucho en el aire, una especie de insulto velado, que realmente le molestaba.

¡Al lado de Margarita, Jesiel se sintió renovado y feliz! Cualquier cosa que le recordara a Cecília le molestaba mucho. Ariel, últimamente, le sacó mucho provecho a su ausencia de casa. Quería que él y su madre intentaran reconciliarse. Uno de los últimos encuentros que tuvieron, padre e hijo, fue una tragedia. Cecília había llegado a la puerta acompañando a Ariel y al ver a su exmarido con aspecto juvenil y felicidad en el rostro, inició una provocación que no quedó sin respuesta. Se les olvidó que debían controlar sus sentimientos en presencia de Ariel y que él había venido allí, solo para recogerlo, para pasar el fin de semana juntos.

El chico no pudo contenerse. Cuando fue testigo de los ataques de sus padres, rompió a llorar.

– ¿Qué creen que soy? Viven para discutir, no se perdonan y ni siquiera intentan ser felices cuando es tan fácil querer esa comprensión. Solo piensen en mí un poco. No les gusto; ambos son egoístas. Si fueran padres de verdad, lo habrían superado. ¿Alguna vez imaginaron que me gustaría tener un hogar, como cualquier otro niño? ¿Con padre y madre dentro de él? ¡Oh! Dios, que desgraciado soy – lloró entre lágrimas el niño –. ¡Cuando pienso en mi situación quiero tirarme a un río y acabar con mi vida! Dios mío, es tan fácil para ustedes entenderse. ¡Es demasiado fácil! Basta con mirar la vida exterior y ver lo que tenemos dentro. ¡Son dos monstruos que solo se preocupan por ustedes mismos! ¡No puedo soportarlo! Todos mis amigos tienen un padre y una madre. ¡Oh! ¡Qué infeliz soy! – Y entró corriendo a la casa gritando y asustando a la abuela que estaba terminando sus quehaceres matutinos.

Jesiel, tomado por sorpresa por la actitud de su hijo, no sabía qué hacer. En vano intentó traerlo de vuelta a su lado. Todo inútil. Los días que siguieron estuvieron llenos de dolor. ¡En realidad, Jesiel no recordaba haber visto a su hijo tan herido e infeliz como ese día! Le pareció que Ariel había superado su separación, ya que él siempre estuvo tan equilibrado. Y ahora, ¿era porque entraba en la adolescencia y se sentía diferente a los demás chicos?

Mirando retrospectivamente todo lo que había vivido con Cecília, no se le había ocurrido nada parecido. Estaba seguro de haber arruinado la vida de Ariel. Si alguna vez fueron una familia, ésta ya no existía.

¡Quienes piensan que los niños están bien en un hogar roto se equivocan! Algo dentro de ellos se rompe. ¡La revuelta se apodera de sus pequeños corazones! Están divididos, inseguros y se preguntan adónde los llevará esta situación. La mujer es el sostén del hogar y tanto el marido como la mujer deben intentar superar las situaciones difíciles, ejemplificando sobre todo la tolerancia y el respeto, para que los hijos crezcan sabiendo que siempre podrán contar con el apoyo de sus padres y no vivir con sentimiento de abandono, inseguridad debido a los errores de los adultos que a menudo no están preparados para el matrimonio. ¡Oh! Si todos los padres entendieran esta sagrada misión y que un día tendrán que responder ante Dios por la negligencia de sus acciones.

Ariel se alejó de su padre. Durante mucho tiempo dejó de contestar sus llamadas, queriendo castigarlo. Cecília, aterrada por esta situación, llamó a Jesiel a su antigua casa, exigiendo su presencia, pues ya no podía evitar los ataques de Ariel hacia su persona. Se había vuelto un adolescente y rebelde, llegando incluso a atacarla varias veces, pateando y lastimando sus piernas. Le había pedido, entre lágrimas, que Jesiel regresara. Prometió poner fin a esos celos enfermizos que había tenido en el pasado. Le había dicho a Jesiel que su ausencia había sido muy beneficiosa.

De hecho, la falta de su padre hizo que Ariel se sintiera perdido. En opinión de Cecília, necesitaba la mano fuerte de su padre para guiarlo.

Jesiel, a pesar de las súplicas de Cecília, no creía en su transformación. Esa noche no pudo dormir. El rostro de Ariel y sus palabras nunca abandonaron su mente.

— ¡Dios mío! ¿Qué he hecho con la vida de mi hijo? Ariel era un niño feliz, sociable, comprensivo... – y las lágrimas rodaban por su rostro, hasta que el sueño lo sorprendió ya entrada la noche.

# CAPÍTULO IX
## Finalmente la Decisión

En momentos angustiosos, la oración es siempre la mejor compañera.

Margarita finalmente se había decidido. Hablaría con Jesiel y, ante tantos problemas que atravesaban él y ella, insistiendo en ese amor que lo era todo para ambos, se dio cuenta que aun no era el momento de seguir juntos. La separación sería dolorosa, pero necesaria. Conociendo algunos principios de la Doctrina Espírita, comprendió que todo lo que vivieron fue indispensable para el progreso moral de ambos. No pudieron escapar de los compromisos asumidos. Sus destinos estaban fijados; Ahora tendrían que encontrar la fuerza para partir. Después de escucharla, Jesiel argumentó:

– ¡Margarita! Margarita, te amo mucho. No sé vivir sin tu presencia...

– ¡Yo también te quiero mucho, Jesiel! Mi corazón late rápido cada vez que estoy a tu lado. Pero esta situación entre nosotros no es correcta. Aun no te has desconectado del todo de Cecília. ¡Tu hijo Ariel es un bien precioso que Dios puso en tu regazo, mi buen y querido amigo! ¡Permíteme llamarte así de ahora en adelante! – Había una sombra de gran dolor en sus ojos –. ¡Hace mucho tiempo que quería hacer esta resolución! He reflexionado mucho y este amor nuestro no nos hace ningún bien... deja la sensación que no actuamos correctamente... Estoy segura que mi compromiso con André está definido desde hace mucho tiempo en la espiritualidad. Quiero dejarlo, contarle de nosotros, pero algo dentro de mí me impide continuar...

– ¡Margarita, no estás casada con él!

Jesiel casi gritó, completamente fuera de control.

– ¡Eres solo su novia o prometida si quieres!

– Jesiel, escúchame – Y tomando suavemente sus manos entre las suyas, lo hizo sentarse en la banca del jardín de la plaza donde conversaban –. Antes de conocerte, mi vida era pacífica y todo iba según lo planeado. André y yo hicimos planes, incluyendo a Pedro, mi hermano, en nuestros proyectos. No ignoras que André ayuda económicamente a Pedro con sus estudios. ¡Y él es más que un hermano para mí!

Me siento responsable de él. Es como si fuera mi hijo a quien la muerte de mis padres me confió. Y si rompo con André, también estaré rompiendo con Pedro y arruinando su futuro... ¡Siento que tengo este compromiso con mi hermano! ¡Y tú, Jesiel, no dejes desamparado a tu hijo! ¡Vuelve con Cecília y prueba una nueva vida con ella! Caminen un poco más juntos, al menos hasta que tu hijo se sienta más adulto, fortalecido por tu presencia y el amor que le brindarán. ¿Hacemos un pacto? Quién sabe, tal vez, en el futuro, la vida nos devuelva este amor, de otra manera.

Su rostro estaba bañado en lágrimas. Las manos de Jesiel temblaron. De repente, la abrazó durante mucho tiempo, rompiendo en fuertes sollozos que asustaron a Margarita.

– No... no lo hagas así, mi amor... No te dejes desanimar... ¡Ayúdame también a superar esta fase tan dolorosa para nosotros!

¡Oh! Dios. ¡Qué sentimiento tan maravilloso que uniera esas dos almas y pudiera transponer el infinito! ¡Almas que se quisieron y se separaron porque entendieron el significado del amor verdadero! Jesiel sabía que tenía que sacrificarse por su hijo. Pero, ¿todavía habría tiempo para salvarlo?

¿Y tenía Margarita derecho a arruinar la vida y los estudios de Pedro? ¿Y André no sufriría también? Ella no lo amaba como amaba a Jesiel. Estaba seguro que se habían vuelto a encontrar en esta vida actual, pero que tendrían que vivir separados para cumplir su destino en el más allá. La afinidad de sus almas era tal que no dejaba lugar a dudas. Pero… ¿qué sería ahora el verdadero amor?

– ¡Dios mío! Ayúdame con esta decisión. ¡Hazme no sentir tanto la pérdida de Jesiel! – Tartamudeó, entre sollozos, Margarita.

Permanecieron abrazados durante mucho tiempo, como buscando nuevas energías para continuar su viaje. ¡Ambos entendieron la Doctrina Espírita y sabían que se estaban desviando de la programación que trajeron a la Tierra! Tendrían que cumplirla a toda costa.

Jesiel se liberó de los brazos de Margarita. Se llevó las manos al cuello, quitando de él la cadena con una estrella guía, que había recibido como regalo de su madre desde niño. Lo colocó en Margarita.

– ¿Qué es esto? – Preguntó la joven, abrumada por una profunda emoción.

– No es un regalo, no. Soy yo quien está en ti – Y la cubrió de besos.

A partir de ese momento, Margarita cargó con el pequeño adorno, sin siquiera soltarlo por un momento.

# CAPÍTULO X
# Las Nupcias

Las uniones, para ser duraderas, tendrán que basarse en la conciencia y el sentimiento que los espíritus están poseídos.

La casa de Luisa estaba a pocos minutos del centro de la ciudad. Un lugar donde la naturaleza ha favorecido con abundancia de árboles y, por tanto, invita al descanso. El señor Manoel, el jardinero contratado por ella, limpió diligentemente el arbusto que rodeaba el entorno del jardín, que llevaba mucho tiempo sin ser cuidado. Ahora bien, había una razón especial para todo este trabajo en la tierra. Las azaleas que estaban llenas de cogollos, algunas con ganas de florecer, recibieron un trato muy especial. Finalmente, Margarita y André se casarían. Los espíritus encargados de su protección también hicieron todo lo posible para ayudarla. La desesperación que sentía su alma a medida que se acercaba la fecha se conmovía incluso a nivel espiritual, ¡ya que sabían cuán afines eran ella y Jesiel! André, exultante, participó de la llegada del gran día a sus compañeros del hospital. Allí mismo, en casa de Luisa, en presencia del juez y del notario, tuvo lugar la ceremonia. Luisa había reservado la habitación que daba al jardín y había preparado la mesa donde se sentarían el juez y el notario, para la boda de los jóvenes.

Margarita permaneció en su habitación hasta el último momento. Rezó, implorando fuerzas para entrar en esta nueva etapa de su vida y poder llevar felicidad a André, a quien también amaba. A las diez de la mañana de aquella hermosa y soleada mañana de abril, sellaron su compromiso en presencia de sus amigos más cercanos y de algunos familiares. Y, tras un pequeño cóctel, pusieron rumbo a Río Grande do Sul donde se hospedarían unos días en un resort del interior del estado. También aprovecharían para conocer la capital, haciendo algunas compras; souvenirs para las tías y Pedro. André también se puso en contacto con algunos compañeros que vivían allí y les pidió orientación sobre algunos equipos que compraría para la oficina que pretendía montar, en cuanto regresaran.

Margarita participó en todo, ayudándolo como siempre en sus decisiones. Decidió vivir sin pensar en el pasado. Jesiel se había quedado atrás. Y para que su cabecita estuviera constantemente ocupada, le informó a André que volvería a estudiar. Quién sabe, ¿tal vez intentaría hacer un examen médico de ingreso el año que viene? De esa manera, todos tus días y horas estarían ocupados. No dejaría ni un solo hueco en sus pensamientos para que Jesiel no pudiera ocupar un lugar vacío allí. La pequeña joya que él le había regalado y que había conservado hasta el día de su boda, ya no la poseía. Pensó en quedárselo. Pero, ¿para qué? ¡Sería una tentación! Siempre recordaría a Jesiel dondequiera que estuviera. La oportunidad de deshacerse de las joyas llegó el día que ella, André y Pedro acordaron pasar un fin de semana en la costa. Luego, sin que nadie sospechara, sacó la cadena de la caja donde había estado guardada durante mucho tiempo y se la llevó. Una tarde, al notar que Pedro y André estaban distraídos jugando pelota en la arena, les dijo a ambos que iba a caminar un poco.

– Me gusta sentir el agua del mar golpear mis pies. Volveré pronto.

Comenzó a caminar por el borde de toda la playa, rompiendo, entre sus dedos, pedacitos infinitamente pequeños de ese oro que Jesiel había depositado en su regazo, afirmando estar allí para siempre.

– Ya no estarás conmigo. Ya no puedes estar en mí. Voy a tirar este amor al fondo del mar. ¡Que las aguas te lleven muy lejos!

Al romper parte de la medalla y la cadena, lloró profusamente. No quería ningún rastro de ese amor profundo que necesitaba olvidar. Luego oró a sus amigos espirituales, pidiéndoles que le quitaran ese sentimiento que ella todavía insistía en revivir. ¡Que los mensajeros de Arriba te devuelvan la paz! Lloró mucho y oró aun más mientras caminaba por esa playa. Se metió en el mar, bañándose y purificándose. ¡Quería asegurarse que todo desapareciera con las olas! Que nunca sufriría la añoranza de ese amor perdido. Ya no quería recordar las palabras de Jesiel: "Soy yo quien estoy en ti."

– ¡No, nunca más estarás en mí! No de esta manera tentadora e inquietante.

Cuando regresó al lado de André y su hermano, tenía un brillo diferente en sus ojos: uno de determinación.

Jesiel, para ella, a partir de ese momento, sería solo un amigo. ¡El tiempo sanaría esa profunda herida que el amor había dejado en su corazón! ¡Tiempo y trabajo! ¡Tiempo y estudio! ¡Tiempo y maternidad!

# CAPÍTULO XI
## Concretización de Ideales

Los esfuerzos de aquellos dos que querían progresar se lograron.

Sí, el progreso material importa.

Pedro había completado su carrera de Medicina dos años después que André. Al contrario de lo que Margarita había soñado, su hermano había recibido una oferta para ejercer en el campo y se marcharía pronto. Tanto ella como André esperaban que él aceptara la invitación para ser socio de la clínica ya instalada en la capital. Eso era lo que venían diciendo desde hacía mucho tiempo y todo iba bien hasta entonces. Sin embargo, la invitación para dirigir la parte clínica de un hospital del interior del estado llegó en el momento exacto. La buena oferta y la participación en las ganancias fueron excelentes para él. No lo pensó mucho. Sabía que le haría daño a Margarita. Ella siempre había vivido a su lado y se consideraba su madre. Pero Pedro se dio cuenta de que ella debía estar, aunque fuera por poco tiempo, más al lado de André y su presencia en su casa le dio a André la oportunidad, en sus momentos libres, de escaparse con sus amigos al club, donde pasó unas horas jugando a las cartas. Esto le hizo pensar en irse. Sucedía a menudo que ambos iban al teatro. A Margarita le encantaba que un actor que le gustaba viniera a la capital; luego le pidió que la llevara. Sabía que no tenía sentido preguntarle a André, a él no le gustaba nada. Sus gustos eran diferentes y él no hizo el menor esfuerzo por complacerla. Cada uno miró lo que más le gustó.

Pedro se había dado cuenta, hacía algún tiempo, que algo no andaba bien en la unión de Margarita y André. Eran jóvenes y deberían aprovechar mejor su tiempo libre en el hospital para divertirse juntos. Vio, con tristeza, a su hermana siempre ocupada con los libros y el trabajo. Disfrutaba poco de la compañía de André. Es cierto que siempre fue así. Colocó sus cosas delante de cualquier otra cosa que alegrara a Margarita. Pero ahora estaban casados y, en opinión de Pedro, eso tendría que cambiar. Quién sabe, ¿tal vez su separación acercaría a André a Margarita? Quería quedarse, sí. ¡Oh! ¡si quería! Pero por el bien de su hermana, decidió aceptar la invitación de un colega para probar la vida en el campo.

La tía Luisa permaneció en su casa, rodeada de sus perros, su fiel jardinero que nunca dejó de cuidar ese inmenso jardín, y su gente pobre que hacía fila en su puerta todos los martes para escuchar el Evangelio que ella leía y explicaba, en una habitación. en la parte trasera del patio, designado para tales reuniones. Allí asistieron algunas de sus amigas, quienes también la ayudaron con la distribución de la merienda, pero antes recibieron el cuaderno de la clase de alfabetización de manos de las personas a quienes ayudaron. Luisa comprendió que, además de la comida que distribuía, debía haber algo más para estas mujeres, para que no siguieran existiendo como antes. Por eso, sus amigas también ayudaron enseñándoles manualidades para que pudieran contribuir al presupuesto familiar, aunque fuera poco. Luisa había instalado, en una habitación de su jardín, un pequeño bazar con el trabajo que realizaban y los resultados estaban destinados a ellos mismos. Así, animados por ese pequeño ingreso, no faltaron a las reuniones evangélicas. Y los mayores aprendieron a leer y escribir con entusiasmo.

Margarita, en ese momento, estudiaba Medicina. Ella estaba en su primer año y muy emocionada, pues contaba con el apoyo de André, quien incansablemente elogió a Pedro por su determinación de convertirse en médico. Ya se refirió a los dos como miembros de la residencia de ancianos que pretendía abrir muy pronto en uno de los barrios más transitados de la ciudad. Comenzó su carrera de Medicina con gran entusiasmo. Habiendo estado acostumbrada a la enfermería durante tantos años, adaptarse a los estudios no fue nada complicado. Durante el período que precedió al examen de ingreso, realizado en ambas universidades de la capital: la federal y la privada, pasó casi la mayor parte de su tiempo estudiando libros y los cálculos que hacía sin parar, fórmulas de química, textos en portugués que leía y releía, incluso memorizaba a los autores, preocupada por la escritura, que tan bien sabía que era la razón principal por la que un candidato había sido derrotado en la primera prueba. Cuando decidió presentarse al examen de ingreso, lo primero que hizo André fue aconsejarle que abandonara el hospital, donde trabajaba como enfermera.

Pedro quedó sorprendido por la decisión de Margarita. Ella nunca había expresado este deseo. Ella siempre había manifestado que estaba muy feliz y realizada con la profesión que había elegido. Dijo que esta fue la forma que eligió para estar más cerca de las personas y poder ayudarlas, dedicándose, de corazón, a los demás. En los años que trabajó en el hospital, había visto muchas cosas que no daba por sentado. Casi todas las personas que la rodeaban se concentraban únicamente en el trabajo remunerado. Si necesitaban hacerle un favor a un colega, un servicio fuera de horario a un paciente, como un baño que no se realizaba en la mañana, porque el paciente estaba realizando exámenes de radiología, esto se dejaba para el día siguiente... porque ya se había perdido tiempo de higiene. ¡Margarita no quedó satisfecha con el trato que le dieron sus compañeros en el hospital! Muy bondadosa de corazón, desempeñaba con amor ciertas tareas que no le correspondían. Siempre tranquila y responsable, se movía de habitación en habitación todas las tardes, antes de retirarse a su casa, dejando su figura amable y sonriente en los ojos de los pacientes mientras lanzaba besos a todos, desapareciendo en el pasillo. Había una especie de luminosidad a su alrededor. ¡Los rostros de los pacientes también se iluminaron!

Por la noche, en sus oraciones, recordaba a cada uno de ellos, con un pensamiento amoroso. Poseyendo una mediumnidad intuitiva, recibió muchas respuestas de la espiritualidad a sus preguntas sobre por qué los pacientes sufrían tanto, cuando algunos de ellos aun eran tan jóvenes. ¿Cuál es la mejor manera de ayudarlos? Entonces vino la explicación:

– Cuando sabemos que la vida material no es una sola, sabemos qué hacer en casos como este. Una palabra de aliento, acompañada de verdadera fraternidad, a esa hermana que hoy sufre el desprecio de su familia que ni siquiera la visita... la explicación de los motivos del destino y del dolor a quienes tienen sed de conocimiento, en estos tiempos en que el espíritu está a punto de desconectarse de las ataduras carnales, siempre será una manera de ayudar. Es en estos momentos en que el sufrimiento nos visita y cuando nos encontramos en una habitación de hospital, rodeados de tantos otros en la misma situación, que podemos observar la solidaridad entre ellos. ¿Cuántos de los que están en mejor situación ayudan a sus compañeros de cuarto y a sus desgracias? Tú misma, Margarita, lo has visto a través del caso de doña Yolanda. Sin nadie que te ayude, ¿cuántas personas a tu lado en la sala ya te han ayudado? Es cierto que doña Yolanda está a punto de morir, todos allí lo saben; sin embargo, en cuanto llega su pequeño plato de sopa, alguien allí, aunque sabe que está inconsciente, intenta meterle algo de comida en la boca. Dios no abandona a nadie, mi querida hermana.

Margarita, entonces, agradeció aquella charla sobre espiritualidad y se durmió tranquilamente. Le había resultado muy difícil dejar todo el trabajo que había estado haciendo durante mucho tiempo. Sin embargo, ahora estaba allí para lograr el objetivo que se había propuesto. Había hecho la promesa de mantener su mente ocupada constantemente, para no generar recuerdos desagradables que necesitaba olvidar. Por un momento pensó que no podría cumplir su sueño de ser doctora. No había logrado la colocación en el examen federal de ingreso a la universidad. Había muchos candidatos. Desanimada, se dirigió al lugar donde estaban expuestos los resultados de los exámenes que había realizado en otra universidad. Incluso si obtuviera un resultado satisfactorio, no se atrevía a soñar tan en grande. Las cuotas mensuales estaban fuera de sus posibilidades y sabía que André, a pesar de haber conseguido una buena clientela, ¡ciertamente no se haría cargo de semejante gasto! Se equivocó. Al enterarse de la aprobación, André, loco de alegría, dispuso que se matriculara dentro del plazo fijado por la secretaría, que era de apenas tres días. Y luego arregló con Pedro, sus tías y algunos amigos, una sorpresa para Margarita. Cena en un restaurante italiano, ¡con mucha música! Pedro, en ese momento, había mostrado gran alegría con la actitud de André. Sabía; sin embargo, que hacía todo con el corazón abierto, pero al momento siguiente volvió con André, preocupado solo por sí mismo. Rara vez demostraba que algo le agradara. Estaba entusiasmado con la victoria de Margarita, pero eso fue todo. Al momento siguiente, durante su tiempo libre, regresó con sus amigos. Margarita incluso había sugerido que estuvieran más cerca en los momentos de descanso, ya que la oficina ocupaba mucho de su tiempo. André; sin embargo, respondió que no podía dejar de salir, buscando la compañía de amigos, lo que, dijo, le hacía bien para olvidar, por un tiempo, sus compromisos con los pacientes.

– Encuentra un día de la semana en el que quieras salir, resérvalo y avísame; así que veré si podemos salir – dijo, sin siquiera mirarla a los ojos. Creyó que estaba haciendo su parte en ese momento y eso fue todo.

No, eso no era lo que Margarita quería oír.

No así no. André, actuando así, le quitó todas las ganas de salir e incluso estar a su lado. Nunca por obligación – pensó la joven.

¡Cómo le gustaría que su marido la invitara a un cine, a un teatro o incluso a dar un paseo por la cancha, demostrándole que la amaba! Estaba seguro que André solo quería lo mejor para ella. Se había acostumbrado a su compañía. Se conocían desde hacía mucho tiempo y ella era para él la esposa perfecta, la eficiente secretaria. ¡André realmente creía que no podía vivir sin Margarita! Era su forma de ser. Sin embargo, la joven necesitaba la demostración de cariño de su marido. Estaba siendo difícil, a pesar del tremendo esfuerzo que estaba haciendo para olvidar a Jesiel. Luchó y luchó con ese sentimiento que, de vez en cuando, insistía en emerger. Pero ella siguió adelante, tratando de aplastarlo hasta lo más profundo de su alma.

– ¡Oh! ¡Si tan solo André cooperara! – Pensó, entonces, en los momentos en que se sentía abandonada, en las soleadas tardes de domingo, en las calurosas noches de verano. Entonces, Pedro la invitó a caminar y tenía mucha revuelta por dentro. Siempre estaba en casa, como perro guardián. Al menor deseo de Margarita, él estaba allí para servirla. Como en los viejos tiempos, cuando vivían con tía Luisa. Margarita no merecía este olvido por parte de André. Era una chica buena, dedicada, celosa de la casa y de las cosas de André. Pedro, entonces, llegó lentamente, con aire travieso y, abrazando cariñosamente a su hermana, la invitó a tomar un helado en "Tônico", una famosa heladería, que estaba en la parte alta de la ciudad. Su rostro se iluminó y corrió a arreglarse, como si fuera a una fiesta. Cuando apareció, Pedro dijo:

– ¡Caramba! ¿Todo esto solo para comer helado? Todo lo que necesitabas era un poco de lápiz labial y listo.

– Y mi oportunidad de mejorar un poco mi apariencia – Respondió entre risas y todo quedó olvidado.

Se sintió feliz con la victoria de su hermana. Sabía el esfuerzo que había hecho Margarita para llegar allí y comprendió que podría olvidar muchas cosas amargas que sucedieron en su vida. Pronto ella también se graduaría y su vida seguiría otros rumbos. Ser estudiante de Medicina le tomó mucho tiempo. Por tanto, entendió que sería bueno que él se fuera. Después de todo, no podía actuar como André con Margarita todo el tiempo.

Y así, con este pensamiento en mente, una mañana partió hacia un pequeño pueblo del norte de Paraná, prometiendo enviar noticias de inmediato.

# CAPÍTULO XII
## La Angustia de la Separación

Renunciar es una virtud poco asimilada, pero a veces hay que tomarla en serio y con sentido común.

Durante algún tiempo Margarita lamentó la ausencia de su hermano. Finalmente comprendió que tendría que seguir el camino elegido. Después de todo, se había graduado, había elegido practicar lejos de allí, tal vez incluso encontraría algún cariño que lo comprendiera y lo hiciera feliz. Hasta ese momento había vivido solo para sus estudios y el curso de médico residente, en el Hospital das Clínicas, que le había dado derecho a especializarse en Pediatría. Por tanto, partió con un caudal de conocimientos que sin duda aplicaría en el interior. Pasaron los años... André fue un gran cardiólogo. Su consultorio contaba con modernos equipos para exámenes que iban desde el electrocardiograma más simple hasta los exámenes cardíacos más sofisticados.

Había comprado un conjunto de habitaciones en un piso alto, desde donde podía ver toda la ciudad, y había instalado allí su lugar de trabajo. Compartía algunas habitaciones con colegas y trabajaba junto con ellos. El doctor Aleixo ocupaba la habitación del ala lateral y su especialidad era la Endocrinología. Su consultorio siempre estaba lleno de señoras gorditas a quienes inmediatamente recomendaba una consulta con el Dr. André para ver cómo estaba su corazón y luego con la nutricionista Eneida que ocupaba el ala derecha de los consultorios. Hicieron un trabajo serio y, por eso, su clientela aumentaba cada día que pasaba. André generalmente no aparecía en casa para comer. El trabajo ocupó casi todo su tiempo. La oficina era su mundo y su vida, donde colocaba todas las cosas que le gustaban, como si fuera su verdadero hogar. Los muebles de madera tallada, diseñados por él, ¡sorprendían a todos los que pasaban por allí!

En cuanto a Margarita, a punto de terminar su carrera, ya no tenía la compañía de su marido. Siempre muy comprometida con los centros de salud y hospitales, se reunía con André por las noches o por las mañanas cuando regresaba de sus turnos. Uno de esos días:

– Últimamente nuestros horarios ya no coinciden, querida – comentó, tomando sorbos de su café matutino, mientras ella le daba el acostumbrado beso al llegar. Y luego la recomendación de siempre, aprovechar la mañana para reponer energías perdidas.

– Claro cariño. Pero no te preocupes, estoy cansada como estoy, dormiré lo suficiente. Y cuando despierte, vendré a ti. Hoy no tendré clases por la tarde. Aprovecharé para ver cómo se comporta mi marido con los clientes – dijo, soltando el cabello peinado de André –. Todavía tengo mucho que aprender y si en el futuro voy a trabajar junto a ti, será mejor, de ahora en adelante, hacer también una pequeña pasantía en la clínica, ¿verdad? ?

Ella lo abrazó con gran necesidad.

– Realmente extraño estar a tu lado – confesó –, ¡necesitamos encontrar tiempo para nosotros mismos! ¡Me da un dolor en el pecho dejarlo así!

– Pronto te graduarás y luego no te soltaremos más. ¡Oh! Olvidé contar. Pedro llamó ayer, tenía muchas ganas de hablar contigo. Quizás llame pronto – Dijo liberándose de sus brazos y luego, en posesión de su maletín médico, salió a trabajar.

Margarita se quedó unos instantes mirando el coche que desaparecía en el jardín.

– ¡Dios mío! ¡Cómo ha pasado el tiempo! ¡Me parece que fue ayer que se marchó Pedro! ¡Y han pasado tantos años que ni siquiera me sentía tan entusiasmada con mi curso! Te doy gracias Padre mío por todo este tiempo en el que logré transformar mi vida.

Ésas fueron las oraciones de Margarita. Cada vez, estaba agradecido por algo, de la manera que sabía. No solía recitar oraciones largas. Les dijo a todos que no sabía orar. Simplemente hablé con Dios, de la manera más sencilla y funcionó. Ella siempre fue atendida. Cada vez que se sentía amargada, la espiritualidad respondía de inmediato. Fue médium desde pequeña y recibió, con emoción, toda la ayuda de Arriba.

Pasó el tiempo y Margarita llegó al final de su carrera de Medicina. Desde egresada ejerció gratuitamente, una vez por semana, en el "Centro Espírita Francisco de Asís." Atendió a algunos niños de la guardería que allí funcionaba y también a madres que asistían al "Club de Madres." Pesó, midió, aconsejó, regaló sonrisas a todos, guiándolos también para recibir el pase. En una de las salas del edificio se realizaba un trabajo de orientación, donde se estudiaba la Doctrina Espírita y, poco después, los pases, de los cuales Margarita se mostraba abiertamente partidaria. A todas las madres les dijo que esto era un complemento a sus consultas. Y así, continuó sin pensar jamás en ese amor que quedó atrás y que, un día, casi la había hecho desviarse de su verdadera misión. Pero todo estaba programado en la espiritualidad, incluso Jesiel, en su vida.

# CAPÍTULO XIII
## La Reunión Inesperada

Las etapas de la vida siempre encuentran la manera de enfrentar a personas comprometidas.

¡El sol radiante, temprano en la mañana, prometía un hermoso día! Jesiel estacionó el vehículo frente al edificio del Hospital de las Naciones. Abrió suavemente la puerta del auto, dando paso a una joven que parecía tener unos quince años. Apoyada en sus muletas, caminó lentamente hacia la puerta de entrada. No era la primera vez que María, como llamaban a la pequeña, estaba allí acompañada de su padre, por el riguroso tratamiento que estaba recibiendo, debido al grave accidente que había sufrido tiempo atrás y que había culminado con la muerte. de su madre y de su hermano, que conducía el coche. Al adelantar a un tráiler, en la vía de las playas, el vehículo se salió de control, provocando la muerte instantánea de ambos. María había sido rescatada. La llevaron de urgencia al hospital de la capital y recibió primeros auxilios, pero su estado requería atención. Permaneció inconsciente durante mucho tiempo, por lo que no tuvo conocimiento inmediato de lo sucedido. Los médicos que la rodeaban no escatimaron esfuerzos para devolverla a la vida. Después de un tiempo hospitalizada, María finalmente regresó a casa. Sin la presencia de su madre y su hermano, cayó en una profunda depresión, requiriendo tratamiento psicológico y fisioterapéutico, tras ser operada de sus miembros inferiores. Había perdido el movimiento de sus piernas, más por voluntad propia, pues constantemente le decía a su padre que ella también debería haber muerto, que por la fractura que sufrió y de la que se estaba recuperando. Jesiel sufrió mucho por esta situación. María no tenía deseos de vivir. Lloró todo el tiempo por extrañar a su madre y a su hermano.

Ese día ella se rebeló. Además de los ejercicios habituales, tuvo que tomar algunas radiografías para que el médico pudiera darle a Jesiel una visión general de la enfermedad. La enfermera no pudo hacer nada con María que se quejaba de mucho dolor y ni siquiera le permitía poner las manos en las piernas. Lloró mucho, incluso le dijo algunas palabras inconexas a la pobre profesional que ya estaba perdiendo la paciencia. De repente, chasqueó los dedos como si recordara algo muy valioso.

– Espera un momento, Jesiel – y antes que él obtuviera respuesta alguna, ella salió apresuradamente de la habitación dejándolo sorprendido.

– ¡Mira, María! – Reprendió con autoridad a su hija –. Incluso la enfermera la abandonó. ¡Oh! ¡María no le da así a mi hija! – y se sentó al fondo de la sala, dejándola, llorando, en la mesa de ejercicios. En agonía, se pasó las manos por el rostro muy delgado y demacrado, ¡como si quisiera ahuyentar el sufrimiento que padecía desde hacía tiempo! Estaba solo, con María a su cuidado. Había luchado, una vez más, para que la unión con Cecília fuera duradera.

Al poco de separarse de Margarita, cumplió su promesa. Había regresado a su hogar roto y había empezado de nuevo. Ariel, entonces adolescente y rebelde, había cambiado un poco con la presencia de su padre y el nacimiento de María, su hermana pequeña, vino a alegrar los años que transcurrieron como siempre entre los celos de Cecília y la certeza que nunca tendría paz con su esposa... Entonces, un día, se fue de casa definitivamente y se fue a vivir con su hermana Denise. Vigilaba a su familia con regularidad, dejándolos sin falta de nada. En ese momento era gerente de una tienda de accesorios para automóviles.

Conoció a Elfrida, una joven alemana y entabló una relación con ella. Les preparó un apartamento para ambos, cerca de su lugar de trabajo y pudieron vivir juntos como pareja. Habían pasado muchos años cuando el accidente le ocurrió a Cecília y sus hijos. Elfrida había acogido a María, a petición de su marido. Sin embargo, ella no tenía vocación por la maternidad y mucho menos por cuidar a una niña mimada que ahora estaba llena de problemas. Vivió con Jesiel, pero no permitió que los problemas de sus hijos afectaran su unión. Ariel se había convertido en adulto y constantemente ocupaba a Jesiel con sus muchos problemas, incluida la bebida. Elfrida había acogido muchas veces en su casa al chico borracho, en ausencia de Jesiel, tratando de ayudarlo, ofreciéndole un plato de comida y un baño. Pero eso fue todo. Ella no quería acogerlo de una vez por todas en su casa, ya que el chico no hacía ningún trabajo y estaba causando muchos problemas a la pareja. Sentía lástima por su marido, pero no quería a ese hijo cerca.

Ariel era tan adicto que incluso sacaba objetos valiosos de la casa para venderlos a cambio del alcohol que su cuerpo cada vez demandaba más. ¡Ahora él y Cecília estaban muertos! María se quedó. ¡Y esta chica estaba siendo un problema en su vida! Jesiel siempre había sido un padre muy cariñoso. Sabía que María necesitaba que la trataran con cariño. Su curación dependía de eso. Y él no permitiría que fuera de otra manera. ¡Elfrida era muy autoritaria! Las cosas tenían que ser como ella quería. En casa parecía un general, según les contó Jesiel a sus conocidos. Siempre al mando.

– De hecho, tengo una ama de llaves estupenda en casa - dijo –. Compañero en tiempos felices e inciertos... ¡nunca!

Pero aun así se casó con Elfrida, apenas quedó viudo de Cecília. Ella constantemente le exigía el matrimonio que aun no se había realizado, por culpa de Cecília de no haberle concedido el divorcio.

Absorto en sus pensamientos, no se dio cuenta que la enfermera había regresado a la habitación, acompañada por el médico, y que María se había calmado. ¡Ahora todo estaba en silencio! Jesiel se levantó, suavemente, y se situó junto al profesional que había acompañado a la enfermera. Estaba tan absorta en su trabajo con el paciente que no notó su presencia. Puso sus manos sobre su cabeza, transmitiéndole, a través de su energía, combinada con la de los espíritus colaboradores de la residencia, la calma necesaria para que la enfermera pueda realizar su trabajo.

– Solo usted, doctor, puede ahuyentar estas cosas de los pacientes.

Sí, porque comportamientos como este...

– Psst... ¡déjala en paz! Se quedará dormida durante unos minutos.

Cuando se despierte, podrás realizar la fisioterapia. Ella estará bien.

Margarita supo afrontar estas cosas, dentro del hospital. A través de la clarividencia y la mediumnidad intuitiva, trató con espíritus desencarnados, logrando a menudo buenos resultados. Sabía que en el hospital también había médicos del plano espiritual, trabajando en todo momento con los pacientes que necesitan ayuda. Ella misma vio muchas veces a médicos y enfermeras del espacio entrar en los pasillos de las casas de salud, con sus bolsas de trabajo, apurados, como cumpliendo un horario, también en estos lugares. Desde muy pequeña tuvo clara la videncia. Al principio no lo entendió muy bien. Sin embargo, con el estudio de la Doctrina Espírita y las explicaciones de médiums más iluminados que ella, comprendió que el ir y venir de los espíritus, por los pasillos del hospital, era muy natural. Ahora todos conocían su facultad mediúmnica y, cuando alguna paciente estaba muy agitada, era ella, Margarita, la que siempre atendía. El hospital estaba a cargo de las

Hermanas de la Caridad e incluso ellas pidieron la presencia de Margarita.

– Este es un trabajo para la doctora Margarita – dijeron, convencidos que ella lograría calmar al paciente. De hecho, Margarita tenía a su lado un equipo de profesionales espirituales que, habiendo trabajado durante mucho tiempo en ese lugar, utilizaron su facultad intuitiva para operar eficazmente en el plano terrenal.

Eran entidades aun necesitadas de mucho aprendizaje, pero candidatas a una mayor luz en sí mismas y que, a través de este trabajo, afinaron sus espíritus. No muy lejos, millones de seres clamaban piedad y se arrastraban a través del sufrimiento, sin darse cuenta de su verdadero estado desencarnado. Creían que todavía vivían en la materia, sintiendo todo el dolor y sufrimiento en el periespíritu, como si fuera el cuerpo físico. Luego, buscaron tratamiento inmediato en hospitales terrestres, brindando mucho trabajo al equipo en el plano espiritual liderado por João Francisco, quien había sido médico en una ciudad del interior de São Paulo.

Había fallecido siendo muy joven y, sin conocer la vida que le esperaba en la espiritualidad, fue tomado por sorpresa. Recibido por su abuelo, a quien tenía mucho cariño, cada día que pasaba era para él un nuevo aprendizaje, lleno de aclaraciones que aceptaba con entusiasmo. Los días pasados en la Tierra junto a sus familiares estuvieron llenos de felicidad. Muy dedicado a sus padres, supo aprovechar al máximo la educación que recibió. Siempre estaba ocupado con los libros y, desde muy pequeño, ya decía que sería médico. De hecho, trajo en su espíritu el gusto por la Medicina que practicaba desde hacía quince años. Este fue un período en el que fue querido por todos los que lo conocieron, hasta que el cáncer lo mató.

¡Sufrirás con resignación y coraje! Mostró su amor por su familia hasta sus últimos días. En la espiritualidad, después de los primeros momentos en los que el espíritu todavía estaba convulsionado, poco a poco empezó a comprender el mundo nuevo que se abría ante él. Entonces sintió la necesidad de trabajar, de integrarse en esta nueva realidad. No sin antes pasar por el conocimiento de las verdades que despiertan el alma a los valores del espíritu.

Margarita se volvió hacia el hombre que estaba allí. Intentó explicarle lo que le estaba pasando a la pequeña María. Pero, mientras hablaba, su voz perdió el sonido, en la certeza que ese hombre canoso y muy delgado frente a ella era alguien, aparecido desde un pasado lejano, tal vez para perturbarla, nuevamente.

¡Sí, era él, Jesiel! Aunque las marcas del tiempo habían cambiado su fisonomía, ahora cansada por el sufrimiento pasado, ¡lo reconocería en cualquier momento! El cabello ya no era tan grueso como antes. Mostraba una pequeña calva. ¡Pero los ojos eran iguales! Sus manos, algo temblorosas, estaban extendidas hacia él. La sorpresa fue para ambos. Por unos segundos que parecieron una eternidad y sin poder contener sus impulsos, se abrazaron olvidándose momentáneamente del mundo que los rodeaba.

– ¿Doctora Margarita? ¿Te escuché bien? – Preguntó con tanta emoción en su voz, apenas se liberó de aquel reconfortante abrazo.

– ¿Doctora Margarita?

– ¡Sí, mi buen y querido amigo! En ese momento en que nos separamos, decidí hacer el examen médico de ingreso de inmediato. Ahora aquí estoy, sirviendo en este hospital, ¡con mucha satisfacción! Pero cuéntame sobre ti. ¿Esta niña es tu hija?

– Sí, Margarita. María es hija mía y de Cecília. ¡No puedes imaginar cómo he sufrido todos estos años! Cecília y yo intentamos vivir juntos durante algunos años. ¡Te digo; sin embargo, que lo único bueno que pasó en mi vida fue el nacimiento de esta niña! La separación fue inevitable.

– Cuando la enfermera vino a llamarme, me dijo que María perdió recientemente a su madre y a su hermano... se refería a Cecília y...

Jesiel no la dejó continuar. Contó, en unos segundos, toda la tragedia que había acontecido a su familia y que había culminado con la enfermedad de María y su falta de amor por la vida. Margarita había escuchado en silencio. Sintió mucha pena por el hombre que tenía delante. Prometió que también cuidaría de la niña, transmitiéndole esas energías que tan bien supo ministrar con la ayuda de lo Alto. Terminó la conversación, ya que necesitaba pasar un tiempo consigo misma, para recuperar las emociones que acababa de atravesar. Se fue en silencio, sin mirar atrás, no quería que Jesiel notara sus emociones incontrolables. Subió al último piso, donde estaba la cafetería del hospital, y allí pidió un café bien fuerte. Se sintió débil.

– ¿Cómo es que este hombre todavía tiene el poder de meterse conmigo de esta manera? Y... pensé que todo estaba olvidado dentro de mí.¡¿Que mi corazón se había calmado todos estos años?! Sin embargo, ¡solo estaba dormido! ¡Dios mío! No quiero volver a verlo. ¡Realmente no quiero! – De pronto recordó el tratamiento energético que le había prometido realizarle a la pequeña María. ¡Oh! Pero encontraría una manera. Le pediría a la enfermera que la llevara a su habitación. ¡No, no debería encontrarlo jamás! Había sentido, al mirar a los ojos de Jesiel, que el amor había revivido y con gran intensidad. ¡No habían dejado de gustarse! Margarita acababa de dejar pasar el tiempo. Rodeada de mucho trabajo en el hospital, su agenda estaba ocupada. No le quedaba mucho tiempo y, cuando regresaba a casa, muchas veces tenía alguna que otra llamada que atender, además de la Casa espírita a la que asistía, ¡dando algunas conferencias!

¡No le quedaba mucho espacio para recordar! Cuando, a veces, se sorprendía pensando en Jesiel, el asombro la invadía.

# CAPÍTULO XIV
# La Nueva Desilusión de Jesiel

Las uniones materiales, la mayoría de las veces, no reflejan las necesidades de los espíritus ansiosos de recuperación.

Jesiel salió del hospital unas horas después, no sin antes pedirle el número de teléfono de Margarita a la enfermera que atendía a su hija María. Dotada de buena voluntad y creyendo que la petición estaba relacionada con la enfermedad de su hija, la concedió rápidamente. Doblando el papel entre sus dedos, le agradeció innumerables veces y le dijo a la enfermera que ahora estaba muy tranquilo con respecto a su hija. Estaba rodeada de mucho cariño por parte de profesionales competentes, lo dijo con una amplia sonrisa en los labios, lo que causó gran sorpresa a la enfermera, acostumbrada a verlo siempre serio y sin hablar mucho.

Ciertamente, fueron las energías dejadas en el aire por la espiritualidad las que provocaron tal cambio en el hombre – pensó, mientras veía su figura, quebrantada por el sufrimiento, desaparecer en el pasillo de la residencia de ancianos.

Al llegar a la calle, Jesiel solo tuvo un pensamiento. Intentar encontrar a Margarita lo antes posible. Necesitaba contarle, lejos de las miradas indiscretas, todo el sufrimiento por el que había pasado todos esos años, lejos de ella. Hablar del inmenso anhelo que sintió con esa ausencia forzada; del desastroso matrimonio que había tenido por segunda vez; contar la muerte prematura de Ariel, por quien había hecho el sacrificio de volver a vivir con Cecília, aunque sabía que no funcionaría. ¡Lo que había hecho fue en vano! Había renunciado al amor de Margarita para volver a tener a su hijo en brazos, pero todo fue solo una ilusión de su parte. Ariel, que vivía una adolescencia convulsa, abrazó la compañía de amigos que, como él, tenían problemas emocionales y caían en vicios en las noches de fiesta, en bares nocturnos. ¡Lo siguiente que supo fue que había perdido a Ariel! Margarita necesitaba saber esto; era justo en lo que pensaba todo el tiempo.

Finalmente había llegado a casa. La fisonomía demostraba que algo había sucedido. Estaba más tranquilo e incluso intentó sonreírle a su esposa que había venido a recibirlo.

– ¿Estaba todo bien en la clínica? ¿María, esta vez, se comportó correctamente? – Preguntó ella, quitándole de las manos el abrigo de lana que acababa de quitarse.

– ¡Sí, sí! ¡Una belleza en verdad! Diferente a otros días. Había un médico allí que ayudó con los masajes de María y que a partir de ahora colaborará con nuestra pequeña – respondió eufórico, recordando a Margarita.

– Mejor así, Jesiel. Esta chica necesita esforzarse un poco, de lo contrario podría quedar lisiada. No caminará más.

– ¡No repitas eso, Elfrida! ¡No es la primera vez que insinúas algo así! – dijo un poco molesto –. ¡Solo tú podrías pensar así e incluso delante de María!

– No te preocupes, Jesiel, ella tiene edad suficiente para saber que hablé por su propio bien. Sí, hay que esforzarse – concluyó incisivamente –. ¡Ven, María, descansemos un poco en tu habitación, mientras te preparo algo de comer!

La muchacha acompañó a Elfrida a su habitación. Jesiel no se contuvo. Allí mismo cogió el teléfono y marcó el número que le había dado la enfermera. Sonó el teléfono y alguien contestó al otro lado de la línea.

– ¿Doctora Margarita?

– Aun no ha llegado – respondió una voz femenina – ¿Quiere dejar un mensaje?

Jesiel colgó el teléfono suavemente, sobre la mesa junto a él, sin responder. Su corazón latía tan fuerte que parecía como si quisiera estallarle en el pecho. Elfrida acababa de entrar en la habitación, pasando junto a él, sin preguntar nada. Ya no estaba interesada en los problemas de su marido. No sentía ningún cariño por él. Llevaban muchos años casados y su relación iba muy mal. Desde que Cecília se fue y María llegó a ellos, comenzaron los disturbios en su casa. Elfrida tuvo unión con Jesiel, una niña de poco más de doce años, Cátia. Las hermanas se llevaban muy bien y, junto a Jesiel, formaban un trío perfecto para las bromas que hacían que él, un padre cariñoso, desconectara un poco de los múltiples problemas que le rodeaban. Cátia ayudó mucho a su hermana en su recuperación, a pesar de su corta edad. A Elfrida, siempre muy autoritaria, no le agradaban las payasadas de su hija, para alegrar a María, que estaba triste, con los recuerdos que le quedaban del terrible desastre que sufriría y la pérdida de su madre y su hermano. La separación era evidente entre ambas. Habían acordado, antes que se acercaran las festividades de fin de año, que lo pasarían todos juntos. Después cada uno seguiría su propio camino. Elfrida seguiría viviendo en el mismo lugar y él se mudaría con María, temporalmente, a casa de su hermana, que era viuda y se había ofrecido a acogerlos. ¡Por eso quería decirle a Margarita que era libre otra vez y que todavía la amaba con la misma intensidad!

En las semanas que siguieron y los días en que María fue al hospital para recibir fisioterapia y tratamiento espiritual con Margarita, Jesiel nunca más la volvió a ver. Desde la sala de fisioterapia, María fue llevada por la enfermera, directamente al piso superior, donde la esperaba Margarita.

– La orden del médico es que María vaya sin acompañante, para no perturbar el ambiente que ya está preparado para ella – Le informó la enfermera a Jesiel –. Señor, espere aquí.

¡La decepción fue profunda! ¡No entendía los motivos de Margarita para querer alejarlo así, sin siquiera escuchar, al menos una vez, tantas explicaciones! ¡Ni siquiera contestó el teléfono! ¡Oh! No se rendiría tan fácilmente. Intentó seguirla por las calles de la ciudad buscando la oportunidad de reencontrarse. Pero en vano. Parecía que todo estaba trabajando en conjunto para alterar sus planes. Se enteró por la enfermera que Margarita estaría fuera del hospital por mucho tiempo. Estaría viajando a la capital de Brasil, con motivo de un congreso médico. Margarita iba a presentar un trabajo sobre medicina clínica, que había investigado para ese evento y, de allí, iría a Porto Alegre, sin fecha previa de regreso. Con esta información en la mano, Jesiel sintió mucha tristeza. Margarita había dejado con la enfermera recomendaciones para la continuación del tratamiento de María, así como la dirección de un Centro Espírita. Sabía que Jesiel creía en el Espiritismo y el caso de María, según evaluó, tenía muchos aspectos espirituales. Insatisfecho, solo pudo esperar a que regresara Margarita.

Durante este tiempo, comenzó a prepararse para mudarse a la casa de su hermana. Se acercaba la Navidad y sabía que sería la última que pasaría con Elfrida. No hubo peleas ni rencores de ninguno de los lados. La relación entre ellos estaba muy desgastada. Lo único que quedó fue la separación. Cátia entendió la situación de sus padres, al igual que María. No hubo lágrimas. Solo adiós. Después de todo, las chicas seguirían encontrándose cada vez que se extrañaran. Y así, para Jesiel comenzó, una vez más, un nuevo viaje en el intento de encontrar el camino hacia la felicidad.

# CAPÍTULO XV
## Margarita Visita a Pedro

Muchas veces necesitamos alejarnos de los problemas materiales, para dotar al espíritu de un mejor discernimiento.

Margarita acababa de entrar en la casa. El teléfono llevaba sonando insistentemente desde hacía algún tiempo. Lo había notado mientras buscaba en su bolso el juego de llaves para abrir la puerta. Había despedido a la criada ese día, porque mientras estaban fuera, ella se había quedado en la residencia, atendiendo a André, sin tomar tiempo libre. Después de todo, Leda, la joven asistente, tenía razón. Corrió hacia el teléfono:

– ¿Hola?

Y la voz del otro lado preguntó:

– ¿Sabes quién habla?

– No lo reconozco de inmediato. Por favor identifícate – pidió, pensando que era una llamada de broma.

– ¿Es posible que incluso hayas olvidado mi voz? Es verdad que los años nos han pasado, pero reconocería tu voz en cualquier parte del mundo, Margarita! ¡Inconfundible, inconfundible!

Margarita colgó lentamente el teléfono. ¡No, no podría volver a sufrir semejante sufrimiento! ¡No podía olvidar toda una vida de dedicación a sus seres queridos, por unos momentos de felicidad con Jesiel! ¡Si lo viera, si lo volviera a encontrar, tal vez no podría resistirse! Junto a su marido, no disfrutó de una vida de plena comprensión. Fue, eso sí, mucho trabajo, mucho abandono de las cosas que había soñado y poca alegría. Tanto ella como André trabajaban mucho y las horas reservadas para el ocio no eran compartidas por ambos. Sufrirá durante mucho tiempo la falta de ese profundo entendimiento que existía entre ellos. ¡Pero el tiempo había pasado! ¡Casi toda una vida! ¡¿Tantos años de ausencia y ahora, como un fantasma, reapareció para perturbar su espíritu nuevamente?!

Caminó hasta la cocina y colocó los paquetes que había traído sobre la mesa. Sin valor para guardar las compras en el armario, se sentó allí mismo. Su corazón había empezado a latir con fuerza y un pequeño temblor en sus manos reveló su estado emocional. Buscó en su bolso la cajita de medicinas que siempre llevaba consigo. Eran unas pastillas que usaba para el sistema nervioso. Últimamente había estado muy agitada. La tía Luisa se había ido poco más de un año, dejando un enorme vacío en su vida. De repente, sufriendo una grave insuficiencia pulmonar, debido a un resfriado muy fuerte, a los pocos días murió. Margarita se sintió muy sola. Luisa había estado hospitalizada durante unos días. Tenía esperanzas sobre su condición. Un día, tan pronto como llegó a casa, llegó la llamada telefónica. Luisa había fallecido. Buscó en André el apoyo que esperaba. Él; sin embargo, permaneció con los brazos a los costados, mientras ella se aferraba a él, llorando, contándole la noticia.

– Ahora, Margarita, esto era lo que se esperaba. Tu tía era bastante mayor y una neumonía como la que tuvo solo podía terminar en la muerte – comentó alejándola de él.

¡Qué frío se había vuelto André en aquel momento en que ella necesitaba tanto consuelo! Corrió a la habitación. Necesitaba avisar a Pedro, su hermano. Las lágrimas insistían en caer, la voz ahogada por los sollozos...

– Pedro, soy yo, Margarita. No tengo buenas noticias para ti, hermano mío; la tía Luisa falleció... estaba sufriendo mucho – Y rompió en sollozos.

– Ya voy para allá, cariño. Cálmate - Margarita se pasó las manos por el cabello, queriendo ahuyentar los recuerdos que insistían en regresar a su mente. Necesitaría mucha calma ahora mismo. Quería poner sus ideas en orden. No podía volver a soportar tal sufrimiento sabiendo que Jesiel estaba allí a unos pasos de ella. Todo lo que tenía que hacer era decir que sí y él correría a su encuentro nuevamente. Pero ella no podía, no debería. ¡Su vida estuvo destinada al trabajo y la dedicación a los demás! Ella sintió que tendría que ser así. ¡Los caminos que ambos siguieron fueron tan diferentes! No, no podía volver a oír a Jesiel. Tendría que hacer algo urgentemente para no sucumbir a la tentación de volver a verlo. Le vino a la mente la figura de Pedro. ¿Por qué no huir a la ciudad donde practicaba y quedarse unos días con el hermano que la había invitado a visitarlo por un período de tiempo más largo? Por supuesto, André no se opondría. No le importaban mucho sus ausencias, siempre estaba muy ocupado con la clínica y la enorme clientela que tenía. Había pensado en trabajar junto a su marido tan pronto como se graduara. Sin embargo, las oportunidades surgieron de manera tan fuerte y decisiva que optó por permanecer en la Casa de Salud que siempre la había acogido y donde vio desarrollarse su mediumnidad de manera maravillosa, donando energía, con guía desde el plano espiritual, por cientos. de pacientes! ¡Allí Margarita ejercitó sorprendentemente su clarividencia y su intercambio con la espiritualidad! Principalmente en aquellos que tienen enfermedades terminales, preparándolos, espiritualmente, para el gran viaje.

Lo sabía, era consciente de su compromiso con lo Alto, con esos valientes mensajeros del plan mayor. ¿Por qué entonces Dios le permitió vacilar varias veces? En esos momentos entraba en depresión, luchando consigo misma para ganar y no querer nada más de lo que había logrado hasta ahora. Cuántas veces pensó en André con mucho dolor. Quería que él también siguiera la Doctrina que había abrazado con amor. ¡Esperaba que las cosas entre ellos fueran diferentes! Había aprendido; sin embargo, que debía respetar las diferencias de su pareja y aceptarlo tal como era. ¡Oh! Dios, qué difícil era entender las disparidades entre los dos.

A la mañana siguiente habló con su marido sobre la decisión de visitar a su hermano. Y, después de hablar con el director de la residencia de ancianos sobre su ausencia por unos días y concertar con un colega que la sustituya mientras estuviese fuera, se embarcó hacia el interior de Paraná, en el pequeño pueblo perdido entre montañas, para reunirse con Pedro.

Viajó toda la noche. Pedro la esperaba sonriente en la estación de autobuses, acompañado de una bella joven, Larissa, de la que le había hablado varias veces. Estaba previsto que se casaran a finales de año. Pedro había comprado una hermosa residencia, cerca de la plaza principal, donde ya vivía. Larissa la recibió, haciendo de señora de la casa. Margarita mostró mucha simpatía por su futura cuñada que parecía muy joven.

– Te equivocas, hermana mía – había dicho Pedro, refiriéndose a su novia – ¡Parece joven, pero no lo es tanto! ¡Larissa tiene treinta y cinco años, Margarita!

– ¿En serio? ¡Oh Dios! Eres demasiado joven en apariencia. Quizás por tu cuerpo delicado y esa forma tan elegante... pareces una niña. ¡Eso es genial, ustedes dos hacen una pareja muy linda! ¡Estoy muy feliz por mi hermano que lo es todo para mí, una especie de hijo! Me siento un poco como su madre, perdimos a la nuestra muy temprano y...

– Lo sé, me lo dijo Pedro – dijo poniendo sus manos en las de Margarita –. ¡Espero ser su acompañante en todo momento! Puedes estar tranquila, nos llevamos muy bien.

Y así, ese día y los siguientes fueron de total alegría para Margarita. Ni siquiera un pequeño recuerdo de Jesiel. Todas las noches llamaba a su marido en busca de noticias sobre la casa.

– No te preocupes, Margarita. Todo está en perfecto orden. Leda está cuidando la casa como siempre y yo he estado visitando más seguido a tía Leonora, en tu ausencia – dijo entonces.

# CAPÍTULO XVI
## La Enfermedad de Pedro

Cuando amamos de verdad, nos quedamos con la persona que amamos en cualquier circunstancia...

La víspera del regreso de Margarita a la capital, Pedro la llevó a su consultorio, ubicado en las instalaciones del hospital donde también trabajaba como jefe de la clínica médica. Quería hablar con ella, mostrarle los resultados de algunas pruebas que se había hecho.

Sin saber por qué, el corazón de Margarita dio un vuelco y se llevó las manos al pecho. Era como si fuera un presagio de algo muy malo. Pedro, frente a ella, le entregó un sobre.

– Léelo y, por favor, dame tu opinión – dijo –. En Brasil, hermana mía, después del cáncer de piel y de pulmón, el cáncer de próstata tiene la mayor incidencia en los hombres. Me atrapó, como verás, hermana mía. Luego se tiene el resultado del PSA - un análisis de sangre que mide una proteína producida por la próstata, a través del cual el médico puede evaluar las características de la glándula y los cambios que se producen en ella -, y los resultados de la biopsia, que acredita la presencia de cáncer en la próstata de mi organismo!

Margarita, todavía con los exámenes en las manos, buscó ligeramente la silla a su lado y se dejó caer en el asiento. Sus piernas se habían debilitado cuando leyó los resultados.

– ¡Oh! Hermano, mi hermano – exclamó Margarita, conteniendo apenas la perturbación que aquella revelación, tan repentina, le había producido –. ¡¿Por cuánto tiempo escondiste esto, Pedro?! ¡No sucede de un día para el otro! Deberías estar experimentando algunos cambios, como molestias al orinar... – dijo alzando la voz.

Pedro, que hasta entonces había permanecido en silencio mirándola, se sobresaltó ante la reacción agresiva de su hermana.

– Nada, querida, nada que pudiera alarmarme... te lo digo... las cosas estaban más o menos en silencio... Tampoco quería preocuparte sin estar exactamente seguro de mi enfermedad.

Margarita se había puesto las manos en la cabeza y las agitaba nerviosamente, como tratando de protegerse de los terribles augurios que la habían invadido.

Pedro, al notar el descontrol de su hermana, intentó calmarla mostrándose resignado ante su desgracia.

– Te lo digo, completé todos los exámenes. Cuando el médico me hizo el examen físico, debido al tamaño de los nódulos, ya sospechaba de mi estado. Esto es solo una confirmación – y acercándose a ella con la misma mirada que tenía cuando de niño le pedía disculpas por sus malas acciones, la abrazó fuertemente –. ¡Perdona mi imprudencia, hermana! – Dijo disculpándose sinceramente.

– Pedro, deberías habérmelo dicho – lo regañó Margarita con vehemencia –. Y ahora, ¿por qué me lo dices, precisamente, en el momento de mi partida? ¡Esto es muy propio de ti, hermano mío! Por lo que estoy observando aquí en tus exámenes, tu condición no es nada buena - dijo arrojando el sobre que contenía los exámenes sobre la mesa –. ¡Tendrás que investigar todo esto más profundamente! Rogamos a Dios que ya no tenga metástasis.

Habló, mirando ahora, con inmensa ternura, a su hermano frente a ella. De prisa, se arrojó en sus brazos y dejó que las lágrimas cayeran de sus ojos, en abundancia. Luego, como era su costumbre, encerró la emoción en su corazón y, secándose los ojos, se alejó diciendo enérgicamente:

– ¿Estás al menos haciendo algún tratamiento, alguna radioterapia o algo así? Pedro, será mejor que busques recursos en la capital. Tenemos buenos cancerólogos allí. ¡Oh! No me iré de aquí sin ti. Empaca tus cosas, deja a un colega que cuide a tus pacientes, hazles saber que necesitas ausentarte unos días y vámonos de aquí, lo más rápido posible – actuó con una autoridad casi maternal –. ¡Pedro, estoy asombrado! ¡Increíble, hermano mío! – las palabras fueron una tras otra, incluso autoritarias.

Margarita no se dio cuenta que su hermano sufría mucho más que ella en ese momento. Le había resultado muy difícil aceptar fácilmente la enfermedad. Todavía era joven. Había visto muchos casos similares en el hospital donde trabajaba, pero creía que, con él, tal drama nunca sucedería. Se mostró muy reacio a aceptar. Sabía exactamente lo que le sucedería a partir de ahora. Tenía programada una boda con Larissa, ¿y ahora qué? ¿Qué hacer? Ella todavía no se había dado cuenta de su verdadero estado. Hasta ese momento, no había tenido el valor de sacar el tema a colación con su novia. Hicieron muchos planes para su futuro. ¡Pedro quería niños, corriendo por la casa! Él y Margarita siempre habían estado muy solos. No tuvieron una infancia muy feliz debido a la muerte demasiado temprana de sus padres. Ahora, su sueño era un grupo de niños corriendo por los jardines de la casa, ¡que era enorme! ¿De repente, toda esta promesa de un feliz amanecer fue cortada de raíz? Solo podía contar con Margarita. ¡Nunca haría pasar a Larissa por semejante sufrimiento! ¡No sabía cuánto tiempo me tendría que vivir ni cómo aguantaría esta larga espera! ¿Morir, cuando todo parecía sonreírte?

Margarita interrumpió sus pensamientos y dijo con la voz entrecortada por la emoción:

– Tenemos hasta mañana para resolver esta situación. Necesitamos ser fuertes, Pedro. Lucharemos juntos, sí, por tu salud. No te rindas hermano mío, iremos hasta el fin del mundo a buscar tu cura, te lo prometo. La medicina está muy avanzada y hemos tenido casos de curación. ¡Ten esperanza, ganarás esta batalla que se interpondrá en tu camino! Eres aun muy joven, sobre todo confía en Dios. Lucha mi hermano, lucha, no te rindas. ¡Estaré a tu lado, Larissa estará a tu lado!

– Ella no lo sabe, no quiero que lo sepa… ¡No soportaría verla a mi lado, solo por lástima! – Pidió resueltamente.

– ¡Pedro, estás diciendo tonterías! Larissa te ama y cuando amamos de verdad nos quedamos con nuestro ser amado bajo cualquier circunstancia... es cierto que ahora sus planes cambiarán un poco... pero, pronto, regresarán a sus vidas... tendrán posponer un poco el matrimonio mientras estés en tratamiento, pero es solo por un ratito, pronto verás como todo volverá a la normalidad. Lo que hiciste mal, hermano mío, fue ocultarme este hecho. ¡No podrías haber hecho esto! – Y cambiando el tono de su voz, preguntó con más suavidad –. ¿Cuándo vas a hablar con Larissa? ¿Hoy o lo dejarás hasta la hora de salida? Sé que es doloroso hermano, pero vamos a tener que decírselo y será sin andarnos con rodeos y sin mentiras.

Pedro se entregó a las órdenes de Margarita, le faltaban fuerzas para decirle la verdad a su novia. Le rogó a su hermana que no le dijera nada a la joven. Planearía un viaje a la capital para atender asuntos hospitalarios. No decirle. No sentía que tuviera el coraje para hacerlo.

– Pedro, no podemos dejar a Larissa fuera de tu problema. Esta noticia corre rápido dentro del hospital, mañana ella se enterará y, lo que será mucho peor, ¡de maneras extrañas!

– Está bien, haz lo que quieras; tengo mucho miedo, hermana mía, muchísimo. Haz lo que quieras.

Margarita miró largamente a su hermano. Sabía que tendría que ser fuerte para no demostrarle sus ganas de arrojarse a sus brazos y llorar toda la tristeza que invadía su alma. Su vida, a su lado, transcurrió rápidamente como una película. Todos esos recuerdos que, solo al lado de su hermano, había experimentado estaban fuertes en su pensamiento. ¡Oh! Qué grande era ese amor por Pedro. ¡Quería estar en el lugar de su hermano en ese momento! Lo amaba mucho. Nunca pude soltar sus manos. Iría con él hasta el final. Hablaría con Larissa a la mañana siguiente y, con mucho cuidado, le contaría lo que estaba pasando. De repente se acordó de André. Necesitaba llamarlo y darle la noticia. Seguramente el marido quedaría muy impactado por la enfermedad de Pedro. Lo amaba mucho; eran como hermanos. Momentos después, habló con su marido:

– Bueno, eso es lo que te digo, mi querido André. Pedro tiene cáncer de próstata. ¡Estoy devastada, como puedes imaginar!

– Que venga aquí inmediatamente – Gritó André, un poco alterado –. ¡Hoy, Margarita, sube con él, hoy! Aquí tenemos buenos cancerólogos, voy a llamar a un colega y concertar una cita.

Y la voz de Margarita, al otro lado de la línea, respondió que, ese mismo día, era imposible. Pedro tenía algunas cosas que resolver, clientes que trasladar a sus compañeros, ya que su ausencia no estaría por los pelos. Y de repente recordó cómo había llegado allí. ¿Se había refugiado en la compañía de Pedro para escapar del acoso de Jesiel y Dios había puesto en sus manos un dolor tan grande que le haría olvidar todo un pasado, así como así, de repente? Por muy grande que fuera el amor que sentía por Jesiel, él nunca la hizo huir de sus responsabilidades hacia André y Pedro, a quien amaba más que a un hermano. Para ella era como un hijo muy querido. Se sintió su madre durante toda su vida, desde que eran pequeños y habían perdido a sus padres en aquel terrible accidente aéreo.

Margarita, apoyada en la pared donde estaba el teléfono, ya no podía oír la voz de André al otro lado de la línea. Se deslizó lentamente hasta sentarse en el suelo. Luego dejó caer el teléfono y rompió en sollozos que André, al otro lado de la línea, pudo oír.

– Margarita... Margarita... Margarita...

El plano espiritual estuvo allí todo el tiempo a su lado, iluminando y energizando sus almas. Sin embargo, cada uno recibió, según sus méritos. Margarita, médium clarividente e intuitiva, solo en ese momento se dio cuenta que no estaban solos en este esfuerzo. Su espíritu, muy devastado por la revelación, dejó que las emociones se apoderaran de su ser. Solo en ese momento pudo percibir ayuda desde lo Alto. Allí estaban los mensajeros del espacio, las enfermeras internas del Más Allá, a quienes João Francisco había pedido para apoyar a los hermanos de la Tierra que, en ese momento, sentían que sus fuerzas se desmoronaban.

Sarja se acercó y, con la fuerza energética que brotaba de las yemas de sus dedos, envolvió a Margarita proporcionándole bienestar. ¡Era muy joven y tenía unos penetrantes ojos verdes! Tenía su largo cabello recogido en la nuca, su camisa de satén traslúcido estaba metida en unos pantalones hechos del mismo material que le llegaban hasta los tobillos. La sandalia dejaba al descubierto la mitad del pie, ¡muy blanca! ¡Diríamos que estábamos en presencia de algún ángel, un emisario de la espiritualidad! Margarita alzó los ojos hacia aquella imagen llena de luz y balbuceó:

– ¡Dios mío! ¡No merezco tal muestra de cariño desde el plano espiritual! Pero, ¿dónde, dónde he visto un ángel tan celestial? ¡En lo profundo de mis recuerdos, veo tu cara otra vez! ¿En qué parte de mi vida nos encontramos? – Se preguntó.

Y un ligero letargo invadió su mente. Sarja la tomó de las manos y se la llevó lejos de allí. Su cuerpo material permaneció dormido en un rincón de la habitación, al lado del teléfono.

– ¿Recuerdas, hace mucho tiempo, en el trabajo del Centro Espírita cuando, juntas, en prácticas mediúmnicas, donábamos energía a nuestros pequeños hermanos en sufrimiento? ¡Tú, ausente del cuerpo, nos brindaste mucha ayuda, buscando hermanos recién desencarnados, en accidentes!

Margarita recordó entonces las veces que abandonó su cuerpo para ayudar a los espíritus que sufrían... Sarja interrumpió sus pensamientos.

– Ha llegado el momento de poner en práctica todo lo que Dios te ha dado en conocimiento y sabiduría de las cosas del espíritu. Cada espíritu pasa por las pruebas que le asignan en la Tierra, según su mérito. Reencarnada, el alma encuentra la medida de su purificación en el sufrimiento que ella misma se impuso para pagar sus deudas. El hombre tiene libertad de elección; es decir, tiene libre albedrío para actuar y pensar, pero la cosecha es obligatoria, amiga mía.

– ¿Será así con Pedro? ¿Destinado a pasar por las duras pruebas que eligió? ¿Está preparado para semejante sufrimiento? El olvido de tantos planes, de su carrera, del amor de Larissa – preguntó entre lágrimas –. ¿Cómo será a partir de ahora? ¡Mi hermano está abrumado por tanto dolor!

– No es así, amiga. Observa todo lo que está llegando a sus vidas y agradezcan a Dios por esta prueba. De todo dolor siempre aprendemos una gran lección, ya sabes que así es. Dios no quiere que seamos infelices, pero no puede hacer todo por nosotros. Él nos da las oportunidades para una vida de paz; solo necesitamos saber recorrer este largo camino con el corazón y el pecho abiertos a las cosas correctas, dejando de lado las ilusiones que nos atan a la materia. Todos pasamos por el sufrimiento. Y necesitamos saber aceptarlo y salir de él. Y entendamos, amiga mía, por qué sufrimos. No estamos contentos si algo nos molesta. Creemos que nuestro dolor es el peor del mundo. Pero algo hicimos allá atrás, en nuestras etapas pasadas de la vida. Y hoy, por nuestra voluntad, nos sumergimos en el dolor, para salir felices, allá adelante. No nacemos infelices, amiga mía, nos volvemos infelices cuando algo nos hace así. Fue nuestro comportamiento erróneo lo que nos hizo merecer hoy tanto sufrimiento. Pedro tiene conocimientos suficientes para aceptar esta prueba, ya verás, amiga.

¡Y desapareció de la misma manera que había venido a su encuentro, dejando mucha energía y una deliciosa sensación de paz en la habitación!

# CAPÍTULO XVII
# Las Primeras Aclaraciones sobre la Vida Espiritual

Las enfermedades del cuerpo siempre han sido un aviso sobre el abandono al que estamos relegando a nuestro espíritu.

Cada vez que Pedro venía a la capital para someterse a una nueva etapa de tratamiento, hablaba mucho con su hermana sobre la vida espiritual en la que creía y en la que, ahora más que nunca, necesitaba apoyarse. Su tiempo en la tierra era corto, lo sabía, pero tenía tal coraje y ganas de vivir que aprovechaba cada día para dedicarse, cada vez más, a las cosas del espíritu. Aprovechó el tiempo que le quedaba para dedicarse a la lectura de obras espirituales, que tenían mucho para consolarlo. Y, cuando Margarita se acercó a él, aprovechó la oportunidad para contarle el consuelo que aquella maravillosa doctrina de los espíritus traía a su corazón. Uno de esos días:

— Estoy casi lista, hermana mía, para aceptar mi partida sin quejas... puedes estar segura que volveré y te contaré mi llegada al mundo espiritual — bromeó entonces.

— Es cierto que los espíritus regresan contando sus vidas en el Más Allá. ¡Espero, entonces, que no seas una excepción! — respondió ella con toda naturalidad.

— Espero tener este mérito, hermana mía. Los espíritus dicen que todo lo tendremos según nuestro progreso espiritual.

– Ciertamente, Pedro, si somos dignos de esta gracia, si nuestro avance espiritual nos permite alcanzar planos superiores, podremos regresar, recorriendo buena parte de nuestro viaje más allá. No olvidemos que todo será según el grado de avance espiritual. Y esto incluye el progreso moral y material. Uno no puede vivir sin el otro. Se complementan mutuamente. Cuando el hombre haya alcanzado estas dos partes, entonces podrá vivir una vida llena de paz y felicidad. Porque la felicidad se hace a partir de las alegrías de la felicidad de los demás, para el alma elevada. Un día alcanzaremos esta perfección soñada, cuando el egoísmo sea desterrado del corazón de los hombres.

– Sabes Margarita, al verte hablar así, recuerdo muchas de nuestras conversaciones, cuando éramos jóvenes, junto a la tía Luisa. ¿Recuerdas que ella siempre trató de enseñarnos los principios de esta maravillosa Doctrina que hoy conozco mejor?

– Y eso, gracias a ella, lo asimilé muy bien. La tía Luisa era una gran mujer, mi hermano. A ella le debemos todo lo que somos. A lo largo de su vida terrena, solo nos dio ejemplos de bondad.

El sonido de un coche estacionándose afuera puso fin a esa conversación.

Era André, que llegaba lleno de paquetes.

– ¡Miren Margarita y Pedro, lo que traje para la merienda! – E inmediatamente sacó de la bolsa unas botellas de refresco y un paquete muy apetecible y calentito que no despedía ninguna duda del olor. ¡Realmente era pizza! ¡Y en diferentes sabores!

Hubo alegría general. Y, entre risas y mucha emoción, rápidamente se puso la mesa.

– Entonces, vámonos gente. ¿A quién va la primera pieza? Esta... o esta – preguntó André, todo eufórico, tratando de llevar alegría, aunque fuera por unos instantes, al corazón de Pedro, a quien amaba como a un hermano.

Y así se disfrutó la merienda, en ese ambiente de momentos de alegría, brindado por André.

Margarita seguía sentada en la banca de aquella plaza sin darse cuenta que iban pasando las horas. Eran tantos los recuerdos que llevaba en el alma que no notó el paso del tiempo. Casi toda una vida se había desarrollado en su mente como si de una película cinematográfica se tratase, provocándole ciertas emociones que, no pocas veces, le herían el alma. Una vez su hermano le había dicho:

– Un hogar sin niños es un hogar sin alegría, sin propósito. Sabía que su hermana padecía un problema hormonal y que nunca tendría hijos propios. Es un hogar egoísta donde la gente vive solo para sí misma, cuando hay tantas almas huérfanas en el mundo, que necesitan el cariño de un padre, de una madre. Piénsalo, hermana mía. ¿Por qué no darte la oportunidad de ser madre? Los hijos del corazón son muchas veces aquellos que ya no queremos en otras etapas de la vida y que, hoy, regresan a nuestro hogar para recibir de nosotros el cariño que alguna vez les negamos. Nada sucede por casualidad, lo que vivimos en los planos materiales y que muchas veces no podemos cambiar, fue previamente planificado en la espiritualidad. Creo que las familias establecidas en la Tierra fueron cuidadosamente diseñadas en espiritualidad, cada una con responsabilidades específicas para continuar su evolución terrenal.

Margarita escuchó con cierto entusiasmo las palabras de Pedro. Ella misma ya había pensado en adoptar un niño hacía algún tiempo. Ella creía que él le traería mucha alegría y haría que, dado el trabajo y dedicación que tenía entonces, se olvidara de la falta de cariño que sentía en su matrimonio, debido a la falta de atención de André hacia ella. Sus vidas transcurrieron con aparente serenidad. Cualquiera que los haya visto juntos diría que eran una pareja perfecta. Sin embargo, dentro del hogar, cada uno se replegaba en su trabajo, en sus estudios y, poco o nada, hablaban. Pero siguieron con sus vidas, sin muchos desacuerdos.

– Tienes razón, hermano. ¡Quizás incluso falte un niño en nuestro camino que nos haga completamente felices! Quién sabe, tal vez André regrese temprano a casa, sabiendo que tiene un hijo esperándolo y no se quedará en las noches de fiesta con amigos.

– Los niños, cuando están a punto de llegar, son esperados con cariño y mucha emoción – prosiguió Pedro –, unos padres cariñosos y atentos les brindan todo el apoyo necesario para que no les falte nada. Se les espera con cariño. Por otra parte, Margarita, a menudo recibimos, en nuestra comodidad, a través de la adopción, niños que se vuelven del corazón. Programados en el Más Allá para que algún día, por razones del pasado, estén bajo nuestra protección, también ellos necesitan ser apoyados. ¡Y son amados, como si salieran de nuestro interior! Piénsalo, hermana mía, piénsalo.

Margarita se animó... Hablaría con André en la primera oportunidad que se presentara. Sabía que él no estaba del todo en contra, ya que ya habían hablado durante algún tiempo sobre la posibilidad de adoptar un niño. André acababa de pedir tiempo para madurar la idea de ser padre.

– Esperemos un poco más, todavía somos bastante jóvenes – dijo en ese momento –. Tenemos trabajo en el hospital que nos ocupa mucho tiempo. Esperemos un poco más... ¿tal vez el año que viene?

Sin embargo, habían pasado años. Se acostumbraron a vivir cada uno a su manera y pasó el tiempo sin que volvieran al tema nuevamente.

¡Oh! Ella había pensado. Si el niño que un día Dios envíe a mis brazos es niño, lo llamaré Pedro Eduardo. ¡Tendré, en mi nombre y en mi corazón, el dulce recuerdo de mi querido hermano! ¡Pobre Pedro! ¡Ni siquiera el amor que imaginaba tener por Larissa lo consoló en momentos de gran dolor! – Suspiró, sin dejar de recordar la figura sufrida de su hermano y el rostro de horror y disgusto de Larissa, al enterarse de la enfermedad de Pedro. Pobre Pedro – repitió varias veces, al recordar la figura de su hermano mientras estuvo en la Tierra.

Sufrirá, no solo el dolor físico causado por la enfermedad, sino el dolor del abandono. Larissa no le había dado la oportunidad de sentirse amado en los últimos momentos de su vida. Se había marchado, repentina y definitivamente, en el momento en que supo toda la verdad. Durante mucho tiempo, Pedro sufrió el desengaño provocado por Larissa, pero, poco a poco, el sentimiento de amor que sentía por su novia se fue transformando en un recuerdo nostálgico de los días en que, juntos, habían trazado planes para un futuro prometedor… caminaban uno al lado del otro.

Larissa se había debilitado. Su amor no tuvo la madurez suficiente para acompañarlo en su desgracia que duró años. Sin embargo, Pedro no se rebeló. Entendió la actitud de la novia y no la juzgó menos humana por ello. Era auténtica en su actitud y eso era lo que Pedro admiraba en la gente. De hecho, no habría tolerado la presencia de personas piadosas a su lado. Sí, necesitaba en su camino compañeros que le dieran determinación para afrontar con dignidad todo lo que estaba por venir y esto lo encontró en Margarita y su marido, hasta el final, ella lo supo bien. ¡Y qué valiente había sido Pedro! Nunca dejó que la enfermedad lo deprimiera. Muchas veces regresó a la clínica durante el período en el que se sentía recuperado por el tratamiento de quimioterapia. Estos períodos duraron más o menos dos años y, una vez más, fue afectado por la terrible enfermedad que, poco a poco, fue minando su cuerpo, hasta quedar varado, en silla de ruedas, ¡por mucho tiempo!

# CAPÍTULO XVIII
## Nuevas Pérdidas

Nadie es propiedad privada de nadie, la vida continúa después de la muerte del cuerpo físico, nuestra individualidad lo demuestra.

Margarita suspiró profundamente, dejando que los recuerdos de su hermano se desvanecieran en el aire. Nuevamente le vino a la mente la figura de Jesiel. Muchos años habían pasado después de la muerte de su hermano y el dolor que había pasado con su ausencia había hecho que los sentimientos que tenía por Jesiel se calmaran en su corazón. Ya no quería sufrir ni pensar en el pasado. Había visto a Jesiel varias veces después del fallecimiento de su hermano, siempre tratándolo como a un querido amigo. María siguió siendo su cliente y cuando su padre la llevó a su despacho, disfrutaron de momentos de edificante conversación sobre la Doctrina Espírita que Jesiel entendía cada vez mejor, con las lecturas recomendadas por Margarita, de las obras básicas de Allan Kardec. Algunas veces había ido a su residencia por invitación de María. Cada vez que regresaba a casa, después de una tarde edificante con su padre y su hija, traía consigo una gran energía por la contribución que podía aportar a sus seres queridos. Supo por Jesiel que, durante los años que Pedro estuvo enfermo y que no se vieron por un largo tiempo, él también sufriría una gran pérdida. Su hija Cátia había fallecido, prematuramente, luego de darle una nieta, que ahora vivía con su ex esposa y se convirtió en el motivo de su alegría. En el camino de ambos hubo dolor y conformación que les había proporcionado el conocimiento de la Doctrina Espírita. Ese sentimiento de amor material que los unía, con su sufrimiento pasado, se había transformado en algo sublime que supieron contagiar a todo aquel que se acercaba a ellos. Se vieron y hablaron mucho sobre la Doctrina Espírita que elevaba sus ánimos y los hacía más fuertes para continuar cada uno por su propio camino, hasta que, un día, pudieran merecer estar juntos. Comprendieron y siguieron el camino determinado por ellos mismos en una vida pasada en la que ciertamente habían desobedecido las leyes de Dios.

María compartió estos momentos en los que se discutían verdades eternas. La vida terrena para ambos, solidificada en el conocimiento de la Doctrina Espírita, continuó sin mayores pesares. Aprendieron a respetar y tolerar las actitudes de los demás. Sabían las razones del sufrimiento y que Dios no impone castigos a nadie y que las criaturas de la Tierra no sufren injustamente sino en la medida de sus deudas pasadas. Últimamente Margarita fue solo una amiga durante todas las horas tristes y felices de la vida de Jesiel. Asistía regularmente a un Centro Espírita del barrio donde vivía. Desarrolló su mediumnidad y a través de los cursos impartidos en el Centro Espírita se involucró cada vez más en el trabajo, pasando a formar parte del equipo de pasistas de la casa.

Margarita siguió con su vida tranquilamente. Había dejado sus recuerdos de lado, hasta esa tarde en que recibió la comunicación de Jesiel en el Centro Espírita. Se había enterado de su desencarnación hacía mucho tiempo, por María, su hija, a quien había recuperado completamente de los problemas psicológicos que sufriría por la ausencia de su madre.

Era una tarde en que cumplía ciertos compromisos en el hospital, cuando sonó el teléfono y la voz al otro lado fue muy breve:

– Margarita, soy María. Por favor mantén la calma. Mi padre estaba sufriendo mucho... falleció... su cuerpo está siendo sepultado...

– ¡María! ¡Dios mío! María, ¿qué me estás diciendo? ¿Tan de repente? – Y lloró, lloró mucho, mientras la otra persona, al otro lado de la línea, seguía diciendo el lugar y la hora del entierro.

Cuando se dio cuenta, María había colgado, pues también estaba muy emocionada.

Margarita tardó mucho en recuperarse del susto. Había perdido a Pedro y ahora a Jesiel. Se mostró reacio a asistir a la capilla. ¡Sintió que necesitaba estar al lado de María, tan frágil y para quien su padre lo era todo! Pero, ¿cómo reaccionaría ante Jesiel muerto? Quería que su memoria estuviera viva. Más tranquilamente, en otro momento, buscaría a María y ella definitivamente lo entendería. Pero, durante ese día, en el trabajo y durante mucho tiempo después, la voz de María no abandonó sus pensamientos: "Mi padre estaba sufriendo mucho... falleció."

Margarita continuó su vida terrena, buscando alivio a sus dolores en el trabajo y en el Centro Espírita. Nunca había pensado en recibir un psicógrafo de Jesiel. Solía orar por su espíritu para que encontrara el camino, en la espiritualidad.

Era popular en todos los lugares a los que iba. En su vida aparecieron cada vez más oportunidades de trabajar en sectores donde había niños presentes. Terminó entendiendo que el plano espiritual quería que ella dedicara su medicina en beneficio de los más pequeños, hasta que sucedió algo extraño.

Una noche, mientras esperaba a André para cenar, se tumbó perezosamente en el sofá del salón. Su turno había estado muy ocupado, varias citas en el hospital y en la oficina ese día la habían dejado exhausta. Cerró los ojos, sintiendo un peso diferente en sus párpados. Inmediatamente, la habitación se iluminó y entró su hermano Pedro, fallecido hacía unos años, llevando en sus manos a un niño. Tenía el pelo rizado y una tez oscura. Parecía tener unos ocho años. La visión había sido inquietante e inmediata.

– Te dejaré a este chico. Cuídalo bien – y desapareció sin que ella pudiera preguntarle el motivo de aquel pedido. ¿Y qué chico era ese? Algo alterada, abrió los ojos, ¡como saliendo de un sueño!

No pasó mucho tiempo antes que llegara desde el garaje el sonido del coche de André. Margarita se levantó y fue a su encuentro. Algo en el rostro de su marido no estaba bien. Él; sin embargo, afirmó que solo necesitaba una ducha y que pronto volvería a cenar. Tuvo que esperarlo allí en la habitación.

La joven encontró extraña la actitud de su marido. Sintió, por alguna razón, que algo estaba a punto de suceder. Durante la cena, Margarita volvió al tema.

– Tú no eres así, André, por muy cansado que estés. ¿No quieres decirme qué te preocupa?

– No importa, Margarita, solo me preocupan unos clientes de la terminal. Es solo que... – y algo molesto pidió –. Cenemos en paz, ¿sí?

Margarita guardó silencio. Sin embargo, no dejó de sentir el peso de la energía negativa que rondaba a André. ¿Qué hubiera pasado realmente?

Normalmente, después de cenar, André se sentaba frente al televisor para no perderse las noticias. Ese día; sin embargo, volvió a sus habitaciones, donde permaneció mucho tiempo, lo que preocupó mucho a Margarita. Este hecho la hizo buscarlo. Ante la insistencia de su esposa, terminaron discutiendo.

– No entiendo tu comportamiento desde hace un tiempo. Es verdad que ya no me hablas mucho, pero, a pesar de todo, soy tu esposa. Tu comportamiento no es normal, la impresión que me das es que ya no significo nada para ti. Me parece que haces cosas aquí en casa, gracias, que vuelves a casa, si podemos llamarla casa, para no dejarme sola. ¡Hay una atmósfera negativa a nuestro alrededor! Sabes, la impresión que tengo es que tienes a alguien y no tienes el valor de decírmelo. ¡Siento eso! – Dijo con cierta dureza –. Habla, habla por amor de Dios. ¡Siento que algo no está bien entre nosotros!

– ¿Y si así fuera? ¿Qué harías?

– ¡Oh! ¿Entonces es verdad? – Margarita perdió el control.

– Sí, es verdad. ¡Pero ella era una pobrecita!

– ¡Oh! Aun así. ¡¿Pobrecita de la que sentiste pena y te enamoraste?! Definitivamente hay incluso un niño en el medio.

– ¿Y si así fuera? ¿Qué harías?

– ¿Entonces es verdad? Pero eres muy gracioso. ¿Qué sigues haciendo a mi lado? Espero que tomes la única acción que ya deberías haber tomado. La dirección de su casa – gritó Margarita sin una sola lágrima en los ojos. Sintió que la revuelta ardía en todo su ser. Entonces, ¿fue eso todo? Había pasado toda su vida tratando de olvidar un sentimiento, había sido fiel hasta ese momento, había hecho todo lo posible para olvidar a Jesiel y ahora, André le confesó, sin pudor alguno, el romance con una mujer cuya consecuencia era ¿un hijo? Y así... ¿de un momento a otro, todo se derrumbaba a su alrededor?

– ¡Pero no quiero dejarte, Margarita! – Intentó sujetarle el brazo.

– Fue solo un momento irreflexivo del que me arrepiento amargamente. ¡Oh! ¡No sabes lo amargado que estoy! ¡Perdóname, perdóname! - Margarita se separó de sus brazos con resentimiento.

– ¡Cómo lograste fingir durante tanto tiempo! ¿Cuánto tiempo, cuánto tiempo?

– Diez años, diez años – tartamudeó André.

– Deja de fingir, por favor. Hasta luego y yo, sin saber nada, solo pensando que esa frialdad hacia mí era consecuencia de tu forma de ser. ¡Tonta de mí! Hasta luego, hasta luego y yo... – un repentino enfado se apoderó de ella – ¡Ah! Ahora entiendo muchas cosas… que tonta fui – salió de la habitación que les servía a ambos, secándose las lágrimas que caían por su rostro. No eran de sufrimiento por lo que acababa de saber, sino de rebelión por haber sido engañada durante tanto tiempo, mientras hacía todo lo posible para matar en su corazón un sentimiento que consideraba puro y sin pecado.

# CAPÍTULO XIX
## La Confesión de André

A menudo, ciertas revelaciones conmocionan profundamente a almas desprevenidas; más bien una decepción que una eterna ausencia de la verdad.

Los días que siguieron fueron muy tensos. André no tomó ninguna decisión respecto a ninguno de los dos. Para él fue como si nada hubiera pasado. Confesó su error y ahora dejó que la vida siguiera con normalidad. Quería el perdón de Margarita, tenía intención de permanecer a su lado. Dijo que Laura, así se llamaba la mujer, había fallecido hace unos meses víctima de un accidente y que la familia le había enviado un mensaje por el niño. No sabía qué hacer, ya que solo llevaba un tiempo atendiendo las necesidades de su hijo. Él había roto con ella. Dijo que solo depositó dinero para sus gastos. ¡Laura había amenazado con contarle todo a Margarita si los abandonaba!

– ¡Oh! Qué amargo debe haber sido para André guardar ese secreto – pensó Margarita mientras volvían al tema días después.

– Quiero conocer a este chico –. Dijo, de repente y sin ningún rencor.

– ¡¿Qué?!

– Quiero conocer al chico – repitió –, a ver cómo lo hace. El caso es que quiero conocer al chico.

– ¿Para qué? ¿Puedo al menos saber qué tan interesado estás en ver al chico? Es un tipo pobre al que abandoné. Ya les dije, él no significa nada para mí... fue un error del momento lo que generó todo esto... Yo no pedí este hijo... Lo seguiré apoyando en sobrevivir, pero no quiero tener contacto con él.

– ¿Cómo puedes decir tal cosa? ¿Dónde está tu sentimiento? ¡Estamos hablando de una persona inocente que nada tiene que ver con la locura de los adultos! ¿Dónde está este niño?

– Con una tía, en un pueblito cercano a aquí.

– Y... ¿por qué no con los abuelos?

– Los padres de Laura fallecieron hace mucho tiempo. Yo mismo me ocupé del viejo - Margarita dejó escapar un dejo de ironía en su voz:

– Entonces, ¿conoces a toda la familia? La forma en que hablas y te refieres a ellos...

– De verdad, fue como dije, no es bueno que te metas en esto... deja al chico ahí. Que se hagan cargo. Y entonces, ¿por qué conocerlo? Esto solo hará que ella sufra más que yo ahora.

– Tu error, André. No estoy dolida, solo estoy sorprendida por lo que pasó y muy confundida. Pero no estoy sufriendo, no. ¡Lamento mucho que me hayas ocultado el hecho por tanto tiempo! Tengo la capacidad de olvidar todo esto. Después de todo, ya no te gustaba...

– No es cierto, Margarita. Te amo y no sabría vivir sin tu presencia. Lo que pasó fue un desliz natural que todo hombre comete...

– ¿Qué hace todo hombre? ¿Qué es esto, André? No intentes disculparte así. ¿Y quieres saber más? Nuestro tema es el niño. Quiero conocerlo, así que encuentra una manera de llevarme con él.

– Pero, ¿para qué, criatura? ¿Para qué?

– No lo sé – respondió Margarita, recordando la extraña visión que había tenido de Pedro, llevando a un niño de la mano. ¿Podría estar relacionado con el hijo de André, ahora huérfano?

Quería verlo, estar segura que el hijo tan esperado llegaría hasta ella por caminos tan sinuosos.

André se mostró reacio. Después de todo, ¡nunca había aceptado adoptar un bebé a pesar de saber cuánto deseaba Margarita un hijo! Ni siquiera le permitiría recordarle la promesa que más tarde adoptarían un niño. Él la superó con indiferencia, hasta que la joven dejó atrás su sueño de ser madre. Ahora estaban allí, cara a cara, discutiendo un problema cuyo tema era un niño del que no quería saber y quién era realmente su hijo. El remordimiento carcomía su alma. ¿Cómo pudo haberle causado tanto sufrimiento a Margarita? La joven siguió a su lado discutiendo, llamándolo a la realidad.

– Está bien – dijo finalmente –. Te llevaré con él. Quizás sea mejor. Así acabaremos de una vez por todas con todo esto que nos hace daño. Lo que más deseo es vivir una vida en paz a tu lado, Margarita. Te lo ruego, olvida todo esto y comencemos de nuevo, sin rencores.

– Olvidar será muy difícil. Nunca volverá a ser como antes. Sin embargo, tenemos compromisos que resolver aquí en la Tierra, lo que me da la certeza que estaremos juntos por un tiempo más y tal vez para toda la vida, si logramos entendernos de ahora en adelante. Ya no somos dos adolescentes en busca de sueños y quimeras. Nuestra realidad está aquí, en todo lo que con dificultad logramos construir y ¿para qué? ¿Todo terminó así de repente? Lo que pasa, André, es que más que marido y mujer, somos buenos amigos y compañeros en momentos de necesidad. ¡Sigamos caminando juntos allá donde nos lleven nuestros pasos! Quién sabe, tal vez todavía podamos amarnos de verdad – Su voz era serena. Había reflexionado mucho sobre la noche anterior y lo que más deseaba ahora era conocer al hijo de André.

# CAPÍTULO XX
## Encuentro con Vinícius

Los éxitos, aunque parezcan completamente inconexos, se producen de acuerdo con nuestros propósitos en la espiritualidad.

Había sido muy doloroso para ella actuar con naturalidad frente a la familia de Laura, cuando llegó, en compañía de André, días después, al pueblo donde vivían sus familiares y donde, temporalmente, se encontraba el pequeño Vinícius. André fue tratado por ellos con mucha naturalidad, como un viejo conocido de la casa. Idalina, la hermana de Laura, algo distante, abrazó a Margarita, esperando seguramente alguna reacción de su parte. Al notar; sin embargo, que Margarita mantenía la calma, poco a poco se fue volviendo más afable, contando algunos hechos pasados de la vida de Vinícius, que ahora tenía diez años. Ciertamente el plano espiritual estaba muy presente en ese momento, tal era la serenidad de Margarita.

– Es un buen chico, ya verás – le informó –, tiene rasgos de médico, ¡es impresionante! Es bueno que no odies al chico, es muy bueno, muy estudioso, muy sensato. Es una pena que no podamos enviarlo para un mejor estudio. Él ya está dejando la escuela primaria y sería bueno que se quedara con el doctor para tener un futuro mejor. Su madre deseaba muchísimo una escuela mejor para él, ¡pero la pobrecita se fue tan pronto! Somos pobres como puedes ver. Enviaré a buscar al niño ahora. Está cerca de la casa de un amigo. Disculpe, un momento, doctor – pidió, con una amplia sonrisa en los labios.

Margarita sintió en un momento que tal vez no debería estar allí. Un pensamiento negativo sobre todo la enojó. Mientras tanto, intentaba dominarse a sí misma. Al fin y al cabo, la hermana de Laura no necesitaba dar tantas explicaciones. André se sintió avergonzado delante de su esposa, que acababa de levantarse de su silla y se dirigía hacia la puerta principal. Sintió que necesitaba respirar profundamente el aire de esa mañana para recuperar el equilibrio –. ¿Qué loca – pensó – yo aquí, en su casa, de los que me robaron a mi marido?

– ¡No robaron nada! – Susurró alguien desde el plano espiritual –. No se roba lo que no se tiene.
André nunca te amó realmente y tú tampoco a él. Estas cosas suceden millones de veces. Ahora sí, aprenderás qué es realmente el amor. Espera y confía. No desorganices tu mente y equilibra tu alma para recibir a este ser que realmente necesitará de tu ayuda.

Margarita se pasó las manos por el cabello, intentando alinearlo. Con ese gesto intentó ahuyentar el nerviosismo que de pronto se sentía poseída. ¡Intentó orar durante mucho tiempo! Pidió, mentalmente, fuerzas para superar ese momento tan significativo de su vida. Suficiente para que la mujer buscara al chico de al lado y le hiciera cambiarse de ropa por otra más adecuada y peinarse, antes de aparecer en el salón.

– Saludar al médico y a la doctora. ¡Vamos, ve con ellos! El médico vino aquí para recibirte. ¡Anda, échales una mano, no seas paleto, chico! – Idalina actuó con cierta brutalidad, lo que llamó a Margarita a la realidad.

– Deje al niño atrás, señora – preguntó, acercándose al niño que le ofrecía la mano –. Estoy muy feliz de conocerte.

Curiosamente, su corazón y su alma se abrieron en un abrazo, para darle la bienvenida definitivamente a su vida. Cuando miró a Vinícius sintió que lo conocía desde hacía mucho tiempo. ¿Dónde en el pasado se cruzaron sus almas? Una muy buena energía rodeó a los dos seres que, de ahora en adelante, permanecerían juntos de por vida. Tenían los mismos rasgos, padre e hijo, la misma sonrisa que encantaba a cualquiera que se acercaba a ellos.

Y a partir de entonces nada la separó de aquel niño. Amor a primera vista. Los acontecimientos sucedieron de tal manera que, al poco tiempo, Vinícius vivía al lado de su padre y con Margarita, quien lo cuidaba como a un verdadero hijo, no dejándolo perder las comodidades de un verdadero hogar. El niño le mostró mucho respeto y simpatía.

Ahora, tantos años después, Vinícius era adulto y estaba a punto de licenciarse también en Medicina. Solía decirles a sus amigos que ella había sido para él, la madre que nunca conoció. Y Margarita le había dado, incondicionalmente, su amor. Dedicó todas sus horas a ese hijo que había llegado en el otoño de su vida y de forma extraña. No tenía dudas que era el niño que Pedro, su hermano, le había presentado esa tarde en que había tenido la extraña visión. Tan pronto como llegó a su lado, intentó llevarlo consigo al Centro Espírita y encaminarlo a la evangelización infantil. Con el paso de los años y a través de los cursos que ofrecía la casa, Vinícius se convirtió en un trabajador incansable por el Espiritismo. Desarrolló la mediumnidad, trabajando allí como pasista y conferencista. Como médico interno, dediqué algunas horas al cuidado de los atendidos en el Centro Espírita. Su mediumnidad intuitiva proporcionó una asistencia precisa a las hermanas que lo buscaban. Habían pasado más de cuarenta años desde todos estos acontecimientos. Solo entonces André decidió acompañar a Margarita y a su hijo a la Casa Espírita.

El Centro Espírita "Mensajeros del Bien" recibía a un orador de Río de Janeiro, sobre cuyo nombre había oído muchos comentarios, también un médico, y que hablaría sobre "Donación de órganos", un tema muy interesante. Más por curiosidad que por religiosidad decidió acompañarlos. Quedó encantado con lo que presenció. ¡Qué populares eran Margarita y su hijo en aquel lugar! Y qué paz sintió en su alma aquel día y los siguientes, cada vez que entraba en la Casa espírita. Parecía que la Doctrina codificada por Allan Kardec simplemente dormía en su ser. A medida que fue tomando mayor conciencia de su contenido, a través de las obras básicas, se dio cuenta que había perdido un tiempo precioso en cosas inútiles; quien había dado gran importancia a las cosas materiales, sin preocuparse por obtener conocimientos más profundos para el Espíritu inmortal. Luego vino, poco a poco, la modificación de su forma de ser. Y, con gran interés, devoró uno por uno los libros de codificación. Y luego, las obras de André Luiz y todo lo que le sugirieron para complementar su conocimiento espiritual. Y, como verdadero misionero, también participó de los cursos del Centro Espírita.

En poco tiempo, fue un incansable trabajador de la Doctrina, llevando conocimiento a través de sus conferencias a muchos otros que, como él en el pasado, ignoraban los valores del Espíritu. Solicitado con frecuencia, su agenda estaba ocupada. Fue invitado a unirse a la asociación de médicos espíritas y nunca paró. Asistió a congresos realizados en el país, donde presentó trabajos muy sabiamente investigados. Margarita y Vinícius estaban contentos con la transformación de André. Ahora podrían decir que eran una familia completa.

Margarita llevaba mucho tiempo recordando toda una vida de errores y aciertos, en el banquillo de aquella plaza. ¡Era casi de noche cuando decidió regresar a casa, viniendo de un pasado lejano!

Horas más tarde ingresó al domicilio. Puso la llave en la cerradura. No le dio la vuelta. En el interior, alguien la abrió rápidamente, como si lo estuvieran esperando. Era Vinícius.

– Tía Margarita, qué tarde llegaste – y la abrazó cariñosamente –. ¿Dónde has estado todo este tiempo? ¡Estaba preocupado!

Qué bueno era sentirse amada de esa manera por ese hijo que no había salido de sus entrañas, pero que era tan verdadero como él. Ella respondió a ese cariño espontáneo, tranquilizándolo:

– La tarde estaba tan hermosa y no vi pasar el tiempo. Estaba en la banca del parque cercano... – respondió ella abrazándolo con ternura.

# CAPÍTULO XXI
## En la Espiritualidad

El Espíritu libre de la envoltura material utiliza la propiedad de poder ver desde la distancia, comprobar todo tu pasado y hacer planes para el futuro, con la principal intención de superarse.

Mientras más recordaba acontecimientos pasados, Jesiel comprendía que necesitaba regresar a aquel lugar donde había visto las barcazas ancladas en el río. Sintió como si algo lo estuviera atrayendo hacia allí. El lamento que había escuchado la noche anterior y que lo había atraído hasta el lugar lo había dejado intrigado. Reconoció la voz de Cecília en él. Sin embargo, todo había desaparecido como por arte de magia ante su acercamiento, que había culminado con el encuentro con Sezinando y su viaje al Centro Espírita con los demás compañeros, tomando ese extraño carruaje en el que él, sin mucha vacilación, también se embarcó.

¡El día estaba invitando! El Sol calentaba el ambiente de su pequeña casa. Incluso podía oír el canto de los pájaros afuera. Resueltamente, abrió la puerta y encontró el camino que lo llevaría al río. Ahora podía ver mejor. Bajar requirió un poco de esfuerzo; las piernas todavía no estaban firmes. Buscó algo en lo que apoyarse. Caminó a tientas entre los troncos de los árboles. Finalmente llegó al lugar del día anterior. El sonido de una cascada no muy lejos anunció que tenía razón. Sí, allí era donde había visto los barcos. El río estaba desierto. A lo lejos vio niebla sobre las aguas. ¿Qué sería? Curioso caminó hacia aquel fenómeno, pero a medida que llegó a la altura donde parecía haber visto la niebla, ésta se fue alejando cada vez más. Le pareció escuchar voces y algunos gemidos que lo hicieron detenerse del miedo. Notó que el paisaje no era el mismo que momentos atrás. Algo aterrador flotaba en el aire. Los árboles retorcidos parecieron adoptar formas humanas.

– ¡Dios mío! ¿Qué es este lugar? – Un escalofrío recorrió su cuerpo. Presa del pánico, se dio la vuelta, abandonando la investigación de aquel lugar. Demasiado tarde. Una figura andrajosa extendió las manos en señal de súplica:

– ¡Por fin vino a mi encuentro! He estado rogando todos los días por esta oportunidad de encontrarme cara a cara contigo. ¿No escuchaste mi llamada?

Él escuchó y vino.

- Muy bien. Ahora era el momento de hacer cuentas. Esta vez no te me escapas. Somos iguales, vivimos en el mismo mundo que llaman espiritual. ¿Estás simplemente viendo? Ni siquiera me reconoces... ¿tanto he cambiado? Soy yo. ¡Cecília! ¡Cecília!

– Estoy asombrado – exclamó –, ¡asombrado por esta repentina aparición! Pensé que algún día te encontraría. Debido a que estamos en el mundo espiritual, creo que es normal que algún día nos encontremos. Pero no así, así. ¿Qué pasó? ¿Por qué ésta apariencia? ¡No te pareces en nada a la Cecília de otros tiempos! Mira tu ropa, tu condición. Dios mío, ¿qué pasó Cecília?

– ¿Y todavía preguntas? – Respondió ella agresivamente, como en los viejos tiempos.

Lo recordaba bien. No fue fácil entender a la mujer cuando reaccionó así. Decidió permanecer en silencio, dejándola hablar. ¡Todavía no entendió! Después de todo, Cecília había fallecido hacía mucho tiempo y él no entendía por qué estaba en ese lugar y en tan deplorable estado.

– He estado sufriendo el abandono en el que me dejaste desde que llegué aquí. En vano te he clamado, inútilmente. Si es verdad que conoces las cosas del espíritu tan bien como dijiste, entonces sácame de aquí. Llévame contigo, porque ya no puedo soportar este lugar de sufrimiento. No sé cómo terminé aquí. ¿Dónde están mis familiares, aquellos que, como yo, pasaron al mundo espiritual?

– No es así, Cecília – explicó –. Aquí, en la espiritualidad, cuentan mucho nuestras acciones pasadas, en lo que debemos atravesar. He escuchado tu llamado, sin poder responderlo, porque, como tú, todavía soy deudor y, por más que quiero ayudarte, me faltan fuerzas. Creo que tanto tú como yo deberíamos orar mucho y pedir ayuda y quién sabe, tal vez algún mensajero amable pueda ayudarnos.

– ¿Y crees que no le he rogado ya al cielo? ¿Que no me he arrodillado ya sobre este suelo inmundo de aguas fétidas? Siente el mal olor, entrando por tus fosas nasales, mira este lugar, sin sol, constantemente nublado y piensa si merezco quedarme aquí. No sabes el horror de las noches entre gemidos de dolor y risas de burla, de quien sabe quién. Son muchos, muchos – y se puso a llorar, aferrándose a Jesiel, desesperada.

– ¡Cálmate, criatura, cálmate! – Pidió, alejándola de él –. Intentemos hablar, sin arrepentimientos. Ya llevas mucho tiempo en este lugar, donde espíritus inferiores hacen prácticas por su buen o mal comportamiento. Yo también me siento obstaculizado en mis acciones y sé que no actué como debía, dentro de los principios que aprendimos de nuestros padres, de amor y sobre todo de tolerancia, que es lo que nos perdió, Cecília. Hoy sé que no debemos intentar cambiar al prójimo, sino ejercer la verdadera caridad dentro del hogar. Reflexionar sobre los errores, sí, porque el entendimiento entre dos personas solo llega con los años. Con tolerancia y voluntad de hacer todo bien, podemos lograrlo. ¡Oh! ¡Cómo me arrepiento de todo lo que vivimos y no supimos disfrutar!

Cecília seguía llorando. Después de un silencio que pareció eterno, gritó enojada:

– ¡Me traicionaste, me dejaste! Me abandonaste muchas veces y volviste muchas veces, ¿por qué? Tuvimos dos hijos que necesitaban tu apoyo y aun así no pensaste en ellos... y te fuiste. Nunca me amaste, Jesiel. No sé qué tan loco fue que nos casáramos tan temprano, sin ninguna preparación. Este tiempo en el que me encuentro aquí me ha hecho repensar todo lo que nos pasó y darme cuenta que el mayor culpable de todo fuiste tú. Eras muy egoísta, querías cosas solo para ti. Quería una mujer diferente, pensé que necesitaba cambiarme, pero no me ayudó en nada. Eras muy intolerante conmigo. ¿Crees que no sufrí el calvario de estar sola? Todo te fue bien, actuaste según tu cabeza. Si los romances no funcionaban, los dejabas a un lado y no pensabas más en ellos. Pasaste a otra relación. ¡Pero yo no! Disfruté el dolor de la separación, la conversación, los problemas con los niños, ¡sin tu apoyo!

– ¡Cómo no, Cecília! Siempre que lo necesitabas estaba a tu lado, ¡sí! – Afirmó con vehemencia.

– A mi lado porque te mandé llamar. Esto nunca fue apoyo. Llegaste, hablaste con Ariel, hablaste de su rebelión, le explicaste ciertos deberes que debía tener hacia mí y regresaste a tu nido de amor con otra persona. ¿Crees que todo esto no afectó a nuestro hijo, que añoraba a sus padres juntos? ¡Y ni hablar de María, nuestra pequeña María que, desde niña, fue abandonada por ti! Ella no tenía nada de tu amor y fui yo quien quedó con todo este dolor. Si no hubiera sido porque mamá me ayudó a satisfacer las necesidades de mis hijos, no sé qué habría pasado. Tú, Jesiel, muchas veces has tenido un corazón duro con nosotros...

– ¡Cállate, Cecília! – La interrumpió –. ¡Basta de tanto lloriqueo! Ya no estamos en la Tierra. Aquí nuestro enfoque debe ser diferente, empezando por olvidar lo que nos hizo sufrir para poder evolucionar. El pasado pertenece al pasado y no podemos seguir recordando las cosas que nos hicieron sufrir porque quedaríamos atrapados en esos recuerdos y no podríamos continuar el viaje. Necesitamos tirar todos nuestros conflictos pasados a la basura y unir nuestras manos ahora para una verdadera regeneración. Me equivoqué, sí, lo confieso. Como tú, estoy sufriendo, pero hay que olvidar el pasado de errores. Te pido que me perdones, Cecília y que vengas conmigo si es posible. Busquemos juntos nuestra redención. Sé que llevo mucha culpa en el alma, Dios está viendo el esfuerzo que hago por entender la vida de este lado de aquí.

Cecília albergaba mucho odio en su corazón. Todavía no estaba lista para tomar vuelos más altos.

Sin embargo, después de muchas dudas, decidió acompañarlo.

Jesiel le dio el brazo y juntos comenzaron a caminar. En silencio, aun pudiendo escuchar los lamentos de quienes estaban más allá, en ese valle de sufrimiento. Caminó con dificultad, con pasos temblorosos, mientras se alejaban del "Valle de los Lamentos", donde había estado durante muchos años, en sufrimiento interminable, sin sentir; sin embargo, el paso del tiempo, tal era su estado vibratorio. Aunque había suplicado a Dios misericordia para sentirse aliviada, era necesario que permaneciera allí, sin fijar tiempo para dirigirse a la "Posada de la Redención", que estaba al otro lado del río y a la que se llegaba mediante aquellas embarcaciones. que Jesiel había visto anclado en la orilla del río. Quienes realizaron este transporte fueron los "Mensajeros del Bien", destinados a esta valiosa labor de recuperación de los espíritus sufrientes, cada vez que alguien, verdaderamente arrepentido de sus errores y deseoso de estudiar y comprender los valores de la verdadera vida espiritual, logró acercarse a los barcos y pedir ayuda.

– Cecília, hermana Cecília – alguien llamó insistentemente, desde el interior de un barco anclado cerca de donde pasaban –. Ven. Entra aquí y te llevaremos a la "Posada de la Redención." Ha llegado el momento que cesen tus sufrimientos.

Cecília retrocedió asustada. La claridad de aquel barco y la voz del barquero eran tan fuertes que ella, intimidada, retrocedió.

– Amiga mía, te llevo conmigo; tengo un rancho allá arriba – dijo Jesiel entendiendo el significado del llamado –. ¡Siento que puedo cuidarla!

El barquero le tendió la mano a Cecília quien, sin dudarlo, soltó el brazo de Jesiel, como fascinada por la luz que emanaba de la embarcación y saltó a ella, acomodándose como un pájaro que regresa a su nido.

– Es necesario, hermano mío, que la separación se produzca una vez más. Esta vez; sin embargo, para que florezca el amor verdadero. ¡Separados, harán la evolución que soñaron! Cecília necesita muchos cuidados y terapia intensiva en nuestra asilo. Médicos y enfermeras desinteresados cuidarán de nuestra amiga, hasta que esté en condiciones de vivir la verdadera vida del espíritu, en estos lares en compañía de los muchos otros seres que aquí habitan. En cuanto a ti, amigo mío, sigue frecuentando el tren Sezinando. Estás en el camino correcto. Por ahora, la soledad será una buena compañera para ti. Ella y su trabajo se asegurarán que encuentres tu verdadero lugar aquí. Esta reunión con Cecília era necesaria para que pudiéramos evaluar el grado de arrepentimiento de ambos. Lo que encontramos fue suficiente para comenzar la transformación de nuestra Cecília. Vete en paz, hermano mío. Pronto, muy pronto, te daremos novedades. El trabajo en la Casa Espírita te espera.

Jesiel no respondió. El corazón comenzó a latir con fuerza cuando el barco que transportaba a Cecília desapareció. ¡Qué raro! Algo dentro de su ser empezó a cambiar. ¡Sentía mucha ternura por la que había sido su esposa y que ahora era llevada a un lugar, ciertamente, donde encontraría mucho cariño y amor! ¡Se apiadó de su alma! Realmente sentía que no podía estar en su compañía. Había algo en ese mensajero que no dejaba dudas. Aunque quería luchar para estar con Cecília, una ola de energía más fuerte que él lo paralizó, dejándolo incapaz de actuar.

# CAPÍTULO XXII
## Los Coloquios se Realizan

Todo espíritu pertenece a una familia espiritual, por eso nada es más justo que, después de la muerte del cuerpo denso, todos se vuelvan a ver.

Desolado, regresó al camino de la montaña. Aunque no era su deseo, los recuerdos de su vida se desarrollaron ante sus ojos, como una película.

Sabía que no era prudente cultivar recuerdos como esos, pero algo dentro de él explotó en secuencias, independientemente de su voluntad. ¿Qué fenómeno extraño fue este, nunca antes sentido? Se vio de niño corriendo por las calles del pequeño pueblo donde nació, en el interior de Brasil, junto a sus hermanos y, de adolescente, en un viaje para trasladarse a diversos lugares, debido al trabajo de su padre, hasta que fijó su residencia en la capital, donde creció. Su padre había descubierto la Doctrina Espírita, aun muy joven, a través de las obras de Allan Kardec y trató de transmitirla a sus hijos a su manera, ya que en los pueblos por los que pasaban no existía ningún Centro Espírita. Las ciudades estaban dominadas por la religión católica y la palabra del sacerdote era cierta. El resto eran creencias de las que los fieles debían mantenerse alejados. Jesiel, muy emocionado, se encontró en la pequeña habitación de la casa de su padre, donde cada semana leía algo del Evangelio, para él y sus cinco hermanos, todos aun jóvenes. ¡Oh! Cómo extraño todo eso, tan real ahora, ahí frente a ti. Y así, sucesivamente, uno a uno, fueron desfilando los recuerdos que consideraba intrascendentes y olvidados en la bóveda de su alma. Incluso las pequeñas discusiones entre ellos, los hermanos, eran escenas de película. Pensó que se volvería loco con todo lo que, en su mente y con la precisión de un cronómetro, estaba sucediendo. Cecília se dibujó, aun joven, en sus visiones y todo el pasado vivido a su lado se presentó ante ella. Fueron momentos terribles, que sacaron a la superficie escenas desagradables almacenadas en la mente.

Y que los fluidos espirituales son el aire que los espíritus respiran y actúan según su voluntad. A veces son producto de la intención, otras veces del pensamiento inconsciente. Todo lo que el espíritu necesita hacer es pensar en algo para que suceda. Que sienta, por ejemplo, el deseo de modelar algún objeto al que estaba acostumbrado, para que llegue a realizarse. Esto se debe a que estos fluidos son los conductores de los pensamientos, buenos o malos, siempre según el mérito de cada uno. Forman imágenes que se reflejan en el periespíritu y quedan grabadas allí, creando escenas del pasado.

Jesiel, en ese momento, tomó posesión de todas estas facultades y lo que había estado almacenado en su periespíritu estalló intensamente involucrando todo su ser.

Había llegado a la cima de la montaña donde se ubicaba su modesta casa, ciertamente construida con la fuerza interior de su pensamiento, ya que amaba la naturaleza y los lugares tranquilos. Allí tenía todo lo que necesitaba y, como compañera, la guitarra con la que rasgueaba, cantando canciones que tenía muy vivas en el alma. Antes de entrar a la pequeña vivienda, se detuvo a observar la naturaleza que lo rodeaba. El canto de los pájaros formaba una sinfonía inacabada, procedente de todas direcciones; invitó al descanso a esa alma sufriente, que, por un momento, se demoró, derivando el bienestar de ese momento. Respiró hondo, giró la manija de la puerta y entró.

La tenue luz, proveniente del interior de la pequeña habitación, le mostró la figura de una joven que lo esperaba con una sonrisa encantadora, iluminando su rostro y que, con los brazos abiertos, lista para un abrazo prolongado, ahora se acercaba hacia la puerta, tu dirección.

– ¡Querido papá! Finalmente nos encontramos después de mucho tiempo.

Jesiel recibió ese abrazo ¡casi sin creer lo que veían sus ojos! La energía que lo rodeaba fue tan beneficiosa que, durante unos segundos, lloró de emoción.

– ¡Hija, hija mía del corazón! Nunca podría imaginar tanta felicidad en este día – . Y permaneció largo rato abrazado a aquella figura casi de niña, allí frente a él.

– Bien sabes, mi querido padre, que solo ahora se me ha permitido visitarte. Quiero decir que estuve a tu lado, las veces que pensabas en mí, pero no podías verme, estabas muy desolado, muy atrapado en el pasado. Los mensajeros espaciales hicieron un gran trabajo a tu alrededor. Ahora que estás mejor y que comprendes los motivos de tu sufrimiento y los aceptas, comienza el camino hacia tu redención.

– Hija, hija... – fue todo lo que Jesiel pudo balbucear, tan conmovido estaba al ver la figura de Cátia, allí a su lado. Desde que falleció prematuramente, no había sabido nada de ella. Iba de Centro Espírita en Centro Espírita, buscando consuelo para su alma inconsolable, pero nada. El espíritu de Cátia nunca se había comunicado, parecía que se había ido para siempre. Insatisfecho, se rindió. Solo oró por su beneficio, con la certeza que estaría en un plano superior. Cátia todavía era muy joven cuando se fue. Ciertamente no tenía mucho que pagar en el mundo terrenal, pensó entonces. ¡¿Y ahora ella estaba allí, a su lado, sin que él se lo esperara?!

– ¡Qué bendición, Dios mío, qué bendición!

– Vamos, papá, sécate las lágrimas – pidió Cátia –, y ven a sentarte aquí a mi lado. Aprovechemos estos preciosos momentos para hablar. ¡Ciertamente tenemos mucho de qué hablar! Tengo una noticia que te hará muy feliz.

– ¿Verdad? - Y, haciendo un gesto tan propio de él, preguntó –. Entonces dímelo.

– ¿Sabes quién me recibió cuando llegué aquí? Tu padre y por tanto mi abuelo. ¡Fue muy interesante, ya que no lo conocía!

– Es cierto, cuando tú naciste, él ya había fallecido hacía mucho, al igual que tu abuela.

– Bueno, padre, ese hombre que estaba ahí frente a mí, diciendo ser mi abuelo y muy feliz con mi regreso a mi verdadero hogar, como me reveló en ese momento, ¡me dio una sensación de mucha paz! Es cierto que no debemos temer a la muerte, ya que es la liberación del espíritu de la materia densa. Aquí vivimos mucho mejor, vemos las cosas de otra manera, la verdadera felicidad está aquí. Verás, papá, siempre temiste a la muerte, siempre nos dijiste que cuando estuve en la Tierra, lo recuerdo bien. Sin embargo, su paso aquí transcurrió sin mucho sufrimiento. Nosotros te ayudamos, ¿sabes?

– ¡Oh! Mi querida Cátia. No sé muchas cosas, ni siquiera cómo llegué aquí, en este lugar de la montaña...

– Cada uno busca para sí el lugar que más le conviene, según sus necesidades – dijo la joven tomando sus manos entre las suyas.

– Tú le diste forma, sin saberlo, a este lugar. Entonces era necesario. El tren pasa por estos lugares, llevando a muchas personas necesitadas a trabajar en Casas espíritas del planeta. Y tú, padre mío, tendrías que volver allí, ser ayudado y, después, ayudar a muchos de nuestros hermanos a resignarse y tener el coraje de afrontar la realidad de ahora. Muchos ni siquiera saben que fallecieron. En estas regiones tú eres el privilegiado – y se rio con ganas, al notar la mirada de asombro de Jesiel.

– Pero tengo mucha curiosidad, hija mía. Quiero saber más. ¿Dónde viven tus abuelos? No hay casas cerca de aquí, caminé por diferentes lugares, solo encontré campos y ríos...

– Más allá del río – dijo Cátia –, hay ciudades y pueblos y los espíritus viven según su mérito y su trabajo en las comunidades destinadas a ellos. Aquí todo es parecido a lo que pasa en la Tierra, papá. Debes saber esto, porque cuando viviste en la Tierra, fuiste estudioso de la Doctrina Espírita y, a través de los libros, tuviste muchas revelaciones sobre este plan, ¿verdad?

– Muchas – asintió Jesiel, recordando las lecturas de los libros escritos por el espíritu de André Luiz, a través de Chico Xavier.

– ¿Entonces, papá? Como bien saben, en realidad tenemos muchos lugares, excelentes edificios donde funcionan numerosos departamentos y secretarías que ayudan a la Gobernación de nuestra ciudad, que no es pequeña. Por ello está dividida en pequeños núcleos, cada uno con su administrador a modo de alcalde que, a su vez, también tiene sus asistentes. Todo está muy bien planificado, las avenidas son amplias, las plazas arboladas, los jardines exudan el aroma de sus flores que hacen que los transeúntes, al pasar por ellos, se sientan llenos de energía y reconfortados. Ya sabes, papá, los jardines del hospital donde se alojan los espíritus necesitados están llenos de vegetación y muchas flores, aptas para energizar a quienes allí se encuentran. También en la Tierra los jardines tienen esta finalidad, pero debido a la falta de evolución del ser humano, esta propiedad de las plantas no es percibida, salvo por algunas personas sensibles.

– ¡Es hermoso lo que dices, querida hija!

– En todo podemos sentir la grandeza del Creador – continuó explicando Cátia –, que no abandona a sus hijos. Solo hace falta quererlo, papi, sentir este amor que el Creador tiene por nosotros.

Solo a través de la conciencia de nuestros errores alcanzaremos, un día, la tan ansiada perfección y luego, esta percepción de las maravillas que existen a nuestro alrededor.

Y Cátia continuó, por mucho más tiempo, en compañía de su padre, transmitiéndole un mundo que él conocía, pero que no imaginaba tan real como ahora.

Al despedirse, le dejó muchos libros que sin duda leería y encontraría en ellos las respuestas que aun buscaba para su ser. Continuó esperando cada semana a Sezinando para completar su rehabilitación ante el trabajo que le esperaba en el planeta. Con colaboradores del Centro Espírita, donde Sezinando, cada semana, acoge a hermanos aun necesitados de aprendizaje a nivel material, creó un programa de estudio en el que se abordaron diversos temas de interés para todos.

Paralelo a este programa de estudios, estaba el de la Casa espírita, dirigido por una de las hermanas encarnadas, habitual del Centro, en el que participaban varios estudiantes que querían aprender sobre la Doctrina Espírita. También participaron nuestros amigos espirituales, luego del trabajo mediúmnico para el que fueron traídos. Cualquiera que poseyera videncia se asombraría de la frecuencia de estos hermanos nuestros y de la luz que transmiten los espíritus mensajeros de la casa, Jesiel trabajó por mucho tiempo en este lugar, ganando fuerza para, algún día, poder habitar en planos superiores. A menudo se encontraba con Margarita en los pasillos del Centro Espírita. Se sintió feliz de verla y de comprender ahora todo lo que habían pasado. Gracias a Dios, la comprensión se había instalado en su corazón. Ahora podía ver, sin amargura, que su renuncia y la de ella no habían sido en vano. Tenía muchos compromisos que saldar, su camino aun era incierto; necesitaría muchas etapas de la vida para rescatarlos y solo el amor lo redimiría de los errores del pasado. Tenía un solo objetivo en el trabajo que se había propuesto: alcanzar las metas propuestas en el Centro Espírita, poder alcanzar alturas superiores, como estar con los seres queridos, en la espiritualidad y no sentir el peso de la soledad que ahora sentía.

En cuanto a Margarita, sabía que siempre estaría con él, ya fuera encarnada o desencarnada, ya que el vínculo que los unía era muy fuerte. Ambos se habían reunido desde la antigüedad, pero cada uno tenía serios compromisos que resolver.

# CAPÍTULO XXIII
## Momentos de Oración

Tanto en el plano material como, principalmente, en el espiritual, las oraciones representan el alimento que energiza.

Eran las seis de la tarde. El Sol se escondió entre las montañas del pequeño pueblo llamado "Posada de la Redención."

Los aparatos en los hogares, en ese momento, estaban sintonizados en la programación del plano superior que transmitía la oración vespertina. Esta armonía trajo beneficios a quienes se detenían a escuchar las palabras de Simeón, fiel colaborador en aquel momento. Siempre trajo preciosas enseñanzas a todos los que lo escuchaban. A menudo solía ilustrar su conferencia con historias breves tomadas de la vida cotidiana que tocaban profundamente los corazones de todos. Posada de la Redención – es un pueblo situado sobre la corteza terrestre, donde permanecen los Espíritus después de la desencarnación.

En el salón principal de la "Posada de la Redención", también había un dispositivo de recepción para los hospitalizados. Parecía que todo el pueblo se detenía a escuchar a Simeón:

- "Mis queridos hermanos en Jesús. Como lo hacemos todos los días, estamos nuevamente con ustedes, a través de nuestro canal de comunicación, para otra conversación informal entre amigos. Todos estamos necesitados de las bendiciones de Cristo. Deudores, desde hace mucho tiempo, nos esforzamos, hoy, cada vez más, por comprender a Dios y su Justicia, tendemos a pensar que nuestro sufrimiento es interminable, que el Padre nos impone muchas cosas que no entendemos y nos rebelamos, creyendo que su camino de justicia para nuestros errores es el castigo que recibimos por tal o cual motivo en el que hemos fallado. Ya que Dios, nuestro Padre amoroso y bueno, nunca pudo castigarnos. Por tanto, carguemos con las causas de nuestro sufrimiento, entendiendo que todo tiene un por qué. ser y que, a medida que vayamos comprendiendo la sabiduría divina que no condena, sino que nos da oportunidades, tantas como sean necesarias para nuestra recuperación, a través de sucesivas reencarnaciones, la paz comenzará a reinar en nuestros corazones. La tarea no es tan difícil, no requiere el conocimiento del mundo, todos son capaces de lograrlo. Todo lo que necesitas hacer es mirar a tu alrededor y tratar de comprender, a través del razonamiento, las causas de tu sufrimiento. Dios no permite pruebas más allá de la capacidad de quien las pide, sabiendo la imposibilidad de cumplirlas, lo que seguramente traerá consecuencias con cada vez más sufrimiento. Pero ofrece nuevas oportunidades en otras etapas de la vida. De todas las pruebas, las más angustiosas son las que afectan al corazón; Muchas personas soportan las privaciones de la materia, pero se desesperan por los problemas morales. ¿Quieres mayor sufrimiento que la ingratitud de los tuyos? ¡Nada rompe más el corazón de una madre que ver a un niño caminar por caminos inciertos, olvidando sus consejos, buscando compañía turbia! ¡Pero qué consuelo es saber que, si hay tristeza y lágrimas, no hay sufrimiento eterno! Entender que tenemos oportunidades de enmendar nuestros errores en una nueva encarnación, porque Dios no quiere para nosotros sufrimiento eterno, condenándonos al infierno permanente, como muchos creen. Entonces no habría justicia de su parte y no sería infinitamente bueno, como lo entendemos. Los espíritus se buscan para formar familias en el espacio y, según sus necesidades, renacen juntos y forman familias materiales para que, a través de un programa trazado en la espiritualidad, puedan caminar en evolución conjunta.

Lo que sucede es que, cuando llegan al planeta, olvidan los compromisos que asumieron y vuelven a caer en el error, cargándose así más. Entonces Dios, en su infinita bondad, les brinda nuevas oportunidades. Hermanos míos, nuestra evolución comienza en la familia, donde tenemos la oportunidad, a través de la paciencia con quienes convivimos, cada uno con una personalidad diferente, de ofrecer nuestro amor incondicional e ilimitado y, con ellos, aprender la mejor manera de ser. Sin olvidar que solo el amor construye, solo el amor libera."

En este momento de los hechos se escucharon sollozos entre los asistentes a la conferencia de Simeón. Cada uno pensando, por supuesto, en sus problemas pasados. Entre ellos estaba Cecília. Se retorció las manos nerviosamente mientras el orador continuaba su explicación. Ahora, muy acertadamente comentó sobre los celos enfermizos, que llevan a muchas personas a cometer crímenes terribles, en nombre de un amor falso, lleno de odio y egoísmo. Estas palabras tocaron profundamente el espíritu de Cecília. ¡Cómo desearía que el tiempo retrocediera! Ciertamente, ahora intentaría hacerlo bien, sería menos impetuosa, más dócil. Lloró mucho en ese momento, sabiendo ya que algún día tendría que recuperar todo ese pasado de incomprensión que había vivido con Jesiel. Pero, ¿de qué manera?

Simeón continuó con su explicación, intuido también por los espíritus superiores y, según las necesidades de aquellos seres que allí se encontraban escuchando.

- "Porque esto es lo que os digo, mis queridos hermanos, hasta que no seamos conscientes de nuestros errores y, de hecho, deseemos el progreso espiritual, caminaremos por el camino del sufrimiento y de las lágrimas durante mucho tiempo. Y les digo: No es fácil, se necesita mucha perseverancia para recorrer el camino del bien, de las buenas acciones, del amor al prójimo, del olvido de uno mismo, del bien de los demás y de la renuncia, solo hay que recordar el mandamiento que dio Jesús. nosotros; el que nos dice todo: *Haz a los demás como quisieras que te hicieran a ti*. Si cada vez que usamos calumnias, egoísmos o malicias hacia alguien, recordamos las palabras de Jesús y hacemos la pregunta: – Y Si fuera yo, ¿me gustaría? Piénselo, mis queridos hermanos. ¡Descansen en la paz de Jesús!"

Simeón guardó silencio. Una lluvia de plata, proveniente de lo Alto, en forma de energía, descendió sobre las cabezas de todos los presentes, fortificándolos. Una música celestial invadió el ambiente, poniendo fin a aquel programa.

El tiempo en la espiritualidad se cuenta de forma diferente al tiempo terrenal, por lo tanto, en años, no sabríamos especificarlo. Pero sabemos que ha pasado un largo período desde esta narración. Este fue un período en el que nuestros personajes comenzaron a partir hacia el plano espiritual, uno a uno, en busca de su propio crisol de luz. Y, según sus hazañas, se establecieron, cada uno, como en un gran viaje, en pequeñas estaciones – pueblos y de éstas, finalmente, a la ciudad mayor, que se llamaba "Estación de la Luz", donde todos estaban en el momento. Todos menos uno: ¡el último pasajero!

## CAPÍTULO XXIV
## Planes de Regreso

Según el conocimiento que nos proporcionan los planes espirituales y guiados por la Doctrina de los Espíritus, trazamos nuestra hoja de ruta para un futuro mejor en las próximas encarnaciones.

La noche fue festiva. Había música en el aire. En los pasillos del edificio donde funcionaba la casa espírita "Redención", en la espiritualidad, un lugar propicio para los encuentros fraternos, los hermanos iban y venían, saludando cada uno a sus compañeros al llegar, ¡esperando con ansias ese encuentro tan previsto! Eran familias numerosas, formadas por espíritus afines y que propusieron, después de una conversación amistosa, regresar al planeta nuevamente, de alguna manera entrelazados, en un programa conjunto de reajuste. Cada persona, en esa reunión, explicaría sus pensamientos e inquietudes actuales, que luego serían llevados a los departamentos responsables de las reencarnaciones para ser estudiados y, finalmente, despachados con el veredicto final; es decir, de acuerdo con el formulario de registro de cada uno de los existentes en el departamento.

También estaban João Francisco, la hermana Marina, el hermano Josué, el gentil mensajero Sarja y Simeón, mezclados con muchos otros benefactores de la Casa. No había lugar más apropiado para este evento que ese ambiente acogedor, donde tantas veces los hermanos oraron, pidiendo ayuda al buen Jesús y a los mensajeros espirituales del más alto plano para continuar su camino evolutivo.

La hermana Marina, antes de hablar, posó sus ojos llenos de ternura en cada uno de los presentes, identificándolos. Por unos momentos se detuvo en Pedro y Margarita. Se diría que conoce sus deseos más íntimos. Después de haber estado involucrados en las labores de atención hospitalaria de la "Posada del Redención" desde hacía algún tiempo, ahora tenían a su lado a su amable tía Luisa, quien había expresado su deseo de regresar a la Tierra en compañía, una vez más, de sus sobrinos.

A este encuentro asistieron quienes, de cierta manera, tenían algún compromiso que establecer entre ellos, y otros, por mera afinidad y deseo de regresar al planeta, para completar la evolución, ayudándolos en su viaje. Ciertamente acogerían también a espíritus necesitados de mucho apoyo y que, por su estado de comprensión y por el amor demostrado en la labor asistencial en la espiritualidad, estaban capacitados para tal tarea.

En un rincón de la habitación estaba Cecília. Su periespíritu aun no armonizaba adecuadamente con su hijo Ariel, quien, a poca distancia de ella, la esperaba en silencio. A esa reunión lo habían llevado por invitación de sus abuelos, con quienes vivía. Pero su corazón todavía estaba herido, culpándola por lo que le había sucedido hacía mucho tiempo, en el planeta.

La mensajera, después de decir la oración, habló de la alegría que sentía al estar allí entre aquellos viejos conocidos de las muchas reencarnaciones por las que ella misma había pasado. Que el propósito de todos era muy digno, porque, sabiendo la necesidad del progreso espiritual de cada persona, estuvo dispuesta a interceder por todos, ante el Departamento de Reencarnación, para que recibieran la asistencia necesaria en tiempo oportuno. Todo dependía del mérito individual. Y ella continuó:

– El propio Departamento de Reencarnación no actúa irreflexivamente y orienta en el espacio necesario. Ciertamente ustedes, hermanos míos, no ignoran que, en primer lugar, debe haber un proceso de preparación por parte de todos, respecto del debido regreso a la Tierra, sin el cual podrían cometer los mismos errores que en el pasado, quedándose, sin cualquier resultado, el intento. Y lo que es peor, repetir los mismos errores supone perder un tiempo precioso. Tiempo que ya desperdiciamos demasiado.

– ¿Y cómo sería esa preparación? – Preguntó alguien con curiosidad.

– Tendremos que empezar de nuevo aprendiendo a convivir con los enemigos del pasado. *"Perdonar incluso a nuestros enemigos."* Ponemos en práctica esta afirmación cuando reconocemos nuestros errores y tratamos de repararlos; cuando notamos las faltas de los demás, sin tomarlas en cuenta para ajustes, ya que no nos corresponde juzgar; cuando nos dedicamos enteramente a la recuperación de aquellos que fueron llevados, un día, a cometer grandes locuras, ignorando las Leyes de Dios, tratando de hacerles sentir la necesidad de observar estas pautas para su progreso espiritual, todos todavía en este plano... Es incluso necesario, queridos hermanos, unirse a las caravanas de "Mensajeros del Bien", para que, a través del ejercicio del amor al prójimo, del perdón, de la paciencia, de la tolerancia, del desinterés, de la renuncia, se sientan fortalecidos para afrontar, nuevamente, todo el planeta. Sí, como saben, el futuro depende del presente. Por lo tanto, volverán a encontrarse cara a cara con aquellos a quienes han herido o por quienes han sido heridos.

La Tierra es la gran escuela donde los espíritus renacen para seguir aprendiendo. Esto no debería ser una novedad para ninguno de ustedes. Cada uno saldrá de aquí llevando buenas intenciones en su equipaje; sin embargo, ya en la materia, olvidar el pasado les hará empezar de nuevo desde la nada. Otra de las bondades del Padre es el "velo del olvido", que Él nos proporciona, para que no desfallezcamos, ante recuerdos que puedan resultar inconvenientes. Por tanto, será necesaria mucha firmeza por parte de todos. Y ustedes, hermanos espíritus, ahora más informados, ciertamente cuidarán de no cometer otras locuras.

La oración debe guiar siempre su vida, después de formarse con las caravanas de los "Mensajeros del Bien", que serán de gran valor para todos. Y así, pronto tendremos otra reunión para evaluar realmente a los primeros en partir hacia el planeta Tierra. Pero tengan la seguridad que esto no sucederá pronto, llevará mucho, mucho tiempo.

Cecília querida, acércate. Ven hasta aquí. En todos estos años que hemos estado lado a lado, nuestros asesores han podido ver tus avances y tu obediencia a cada tarea que te pedían. Quisiéramos, en presencia de todos estos amigos, que Ariel y tú se reconcilien; que sus espíritus se perdonen mutuamente y que podrán, de ahora en adelante, caminar juntos, ayudándose mutuamente, hasta el día de su regreso al planeta. Amigos míos, no olvidan las penas pasadas solo retrasará su viaje. A todos nos gustaría, en este momento, verlos abrazándose y perdonándose. ¡Estamos seguros que este comportamiento se debe solo a la falta de oportunidades para ambos, ya que han estado alejados por mucho tiempo!

Y dirigiéndose a Ariel, la mensajera, con bondad, mostrando un gesto de amor, lo llamó:

– ¡Ven, querido! ¡Abraza a tu madre, con el mismo cariño que le dabas cuando eras pequeño!

– ¡Ven, hijo de mi alma! – Y Cecília abrió los brazos acogiéndolo con cariño.

Sin embargo, esa conversación entre madre e hijo solo duró unos instantes. En un arrebato de revuelta, el joven Ariel tomó a Cecília de sus brazos, pronunciando algunas palabras de odio. Todavía no quería perdonar a Cecília; se negó a mostrar ningún afecto por su madre. Entre lágrimas pidió que Dios le ayudara a encontrar al padre del que nunca había oído hablar.

Cecília, muy dolida, se alejó secándose las lágrimas.

– Dejemos a este joven, hermanos míos, en este desamor. El tiempo le demostrará que el odio solo daña a quien odia. ¡Y todavía es demasiado niño espiritualmente para comprender las razones que llevan a los seres humanos a cometer tantas locuras! Por ahora está bajo el cuidado de su abuelo quien nos ha dado muchas pruebas de desinterés en el trato con su nieto, quien todavía está muy enfadado. Tiene momentos de bondad y acepta las aclaraciones necesarias para su progreso. Sin embargo, el encuentro con su madre desencadenó ahora recuerdos terrenales, llevándolo a sintonizarse con energías negativas que le resultan muy dañinas. Pero esto pasará con el tiempo.

La mensajera guardó silencio y dio la señal para que comenzaran las festividades preparadas.

Mucha poesía resonó en el aire, en las voces de los más dotados para la interpretación. Muchos números musicales, cuidadosamente preparados, fueron interpretados al piano por personas con inclinaciones artísticas.

De repente, en medio de esa multitud, aparece la figura de un hombre de mediana edad y cabello rizado, portando su guitarra. ¡Su hermosa voz cantó una canción que nos recordó una Tierra lejana!

– Aquí está nuestro último pasajero – anunció la benefactora espiritual.

Todos se miraron y voltearon a escucharlo llenos de emoción, la impresión que uno tenía era que había llegado de muy lejos y llevaba muchas añoranzas en su equipaje.

Cecília, obedeciendo al impulso de su corazón, todavía enamorada como en los viejos tiempos, dio un paso adelante, al mismo tiempo que Ariel se liberaba de los brazos de su abuelo, corriendo hacia él y pronunciando palabras de gran cariño. Sin embargo, el hombre, sorprendido por tantos recuerdos de su vida pasada, se detuvo asombrado. Cuando se topó con la figura de Margarita, que también se había acercado a darle la bienvenida, dudó unos instantes. ¡Él posó sus ojos en los de ella durante mucho tiempo, enviándole toda la energía de un amor que nunca se desvanecería con el tiempo! Y, tomando nuevas fuerzas, se dirigió hacia Cecília que, junto a Ariel, lo esperaba para el reajuste final.

Seguramente muchas cosas sucedieron antes que nuestros protagonistas partieran hacia la Tierra, años después, cada uno con una misión definida y, una vez más, con sus vidas entrelazadas por una tarea más de amor entre la humanidad. Algunos permanecieron en la espiritualidad, como la dulce Cátia que recibió la tarea de seguir los pasos de Jesiel y Margarita en el plano material; Muchos otros partirían, en el futuro, formando nuevas familias terrenas. André, de nuevo sobre la faz de la Tierra, volvería a reencontrarse con Laura y, con ella, fundaría la familia que más tarde daría la bienvenida al primero de nuestros personajes a otra etapa de la vida. Pedro y Luisa serían los padres de Ariel y Cecília; Margarita y Jesiel, esta vez como hermanos, desde muy pequeños entrarían en contacto con la Doctrina Espírita, que les permitiría luego el verdadero conocimiento de las razones del destino y del dolor. ¡En algún momento del camino se encontrarían con Ariel y Cecília para el tan esperado reajuste!

## Grandes Éxitos de Zibia Gasparetto

Con más de 20 millones de títulos vendidos, la autora ha contribuido para el fortalecimiento de la literatura espiritualista en el mercado editorial y para la popularización de la espiritualidad. Conozca más éxitos de la escritora.

### Romances Dictados por el Espíritu Lucius

La Fuerza de la Vida

La Verdad de cada uno

La vida sabe lo que hace

Ella confió en la vida

Entre el Amor y la Guerra

Esmeralda

Espinas del Tiempo

Lazos Eternos

Nada es por Casualidad

Nadie es de Nadie

El Abogado de Dios

El Mañana a Dios pertenece

El Amor Venció

Encuentro Inesperado

Al borde del destino

El Astuto

El Morro de las Ilusiones

¿Dónde está Teresa?

Por las puertas del Corazón

Cuando la Vida escoge

Cuando llega la Hora

Cuando es necesario volver
Abriéndose para la Vida
Sin miedo de vivir
Solo el amor lo consigue
Todos Somos Inocentes
Todo tiene su precio
Todo valió la pena
Un amor de verdad
Venciendo el pasado

**Otros éxitos de Andrés Luiz Ruiz y Lucius**

Trilogía El Amor Jamás te Olvida
La Fuerza de la Bondad
Bajo las Manos de la Misericordia
Despidiéndose de la Tierra
Al Final de la Última Hora
Esculpiendo su Destino
Hay Flores sobre las Piedras
Los Peñascos son de Arena

**Otros éxitos de Gilvanize Balbino Pereira**

Linternas del Tiempo

Los Ángeles de Jade

El Horizonte de las Alondras

Cetros Partidos

Lágrimas del Sol

Salmos de Redención

**Libros de Eliana Machado Coelho y Schellida**

Corazones sin Destino

El Brillo de la Verdad

El Derecho de Ser Feliz

El Retorno

En el Silencio de las Pasiones

Fuerza para Recomenzar

La Certeza de la Victoria

La Conquista de la Paz

Lecciones que la Vida Ofrece

Más Fuerte que Nunca

Sin Reglas para Amar

Un Diario en el Tiempo

Un Motivo para Vivir

¡Eliana Machado Coelho y Schellida, Romances que cautivan, enseñan, conmueven y pueden cambiar tu vida!

## Romances de Arandi Gomes Texeira y el Conde J.W. Rochester

El Condado de Lancaster

El Poder del Amor

El Proceso

La Pulsera de Cleopatra

La Reencarnación de una Reina

Ustedes son dioses

### Libros de Marcelo Cezar y Marco Aurelio

El Amor es para los Fuertes

La Última Oportunidad

Nada es como Parece

Para Siempre Conmigo

Solo Dios lo Sabe

Tú haces el Mañana

Un Soplo de Ternura

# Libros de Vera Kryzhanovskaia y JW Rochester

La Venganza del Judío

La Monja de los Casamientos

La Hija del Hechicero

La Flor del Pantano

La Ira Divina

La Leyenda del Castillo de Montignoso

La Muerte del Planeta

La Noche de San Bartolomé

La Venganza del Judío

Bienaventurados los pobres de espíritu

Cobra Capela

Dolores

Trilogía del Reino de las Sombras

De los Cielos a la Tierra

Episodios de la Vida de Tiberius

Hechizo Infernal

Herculanum

En la Frontera

Naema, la Bruja

En el Castillo de Escocia (Trilogía 2)

Nueva Era

El Elixir de la larga vida

El Faraón Mernephtah

Los Legisladores

Los Magos
El Terrible Fantasma
El Paraíso sin Adán
Romance de una Reina
Luminarias Checas
Narraciones Ocultas
La Monja de los Casamientos

**Libros de Elisa Masselli**
Siempre existe una razón
Nada queda sin respuesta
La vida está hecha de decisiones
La Misión de cada uno
Es necesario algo más
El Pasado no importa
El Destino en sus manos
Dios estaba con él
Cuando el pasado no pasa
Apenas comenzando

**Libros de Vera Lúcia Marinzeck de Carvalho y Patricia**

Violetas en la Ventana

Viviendo en el Mundo de los Espíritus

La Casa del Escritor

El Vuelo de la Gaviota

**Vera Lúcia Marinzeck de Carvalho y Antônio Carlos**

Amad a los Enemigos

Esclavo Bernardino

la Roca de los Amantes

Rosa, la tercera víctima fatal

Cautivos y Libertos

Deficiente Mental

Aquellos que Aman

Cabocla

El Ateo

El Difícil camino de las drogas

En Misión de Socorro

La Casa del Acantilado

La Gruta de las Orquídeas

La Última Cena

Morí, ¿y ahora?

Las Flores de María

Nuevamente Juntos

**Libros de Mônica de Castro y Leonel**

A Pesar de Todo

Con el Amor no se Juega

De Frente con la Verdad

De Todo mi Ser

Deseo

El Precio de Ser Diferente

Gemelas

Giselle, La Amante del Inquisidor

Greta

Hasta que la Vida los Separe

Impulsos del Corazón

Jurema de la Selva

La Actriz

La Fuerza del Destino

Recuerdos que el Viento Trae

Secretos del Alma

Sintiendo en la Propia Piel

# World Spiritist Institute

www.ingramcontent.com/pod-product-compliance
Lightning Source LLC
LaVergne TN
LVHW092050060526
838201LV00047B/1322